Manual de Polícia Judiciária Militar

Direito Penal e Processual Penal Militar

O livro é a porta que se abre para a realização do homem.

Jair Lot Vieira

EDUARDO HENRIQUE ALFERES
Mestre em Direito Penal pela Pontifícia Universidade Católica de São Paulo
Especialista em Direito Penal pela Escola Superior de Advocacia da OAB/SP
Especialista em Direitos Humanos e Direito Internacional Humanitário
Graduado em Engenharia Civil pela Universidade Federal de São Carlos
Graduado em Engenharia de Minas pela Universidade Federal de Ouro Preto
Bacharel em Direito
Bacharel em Ciências Policiais de Segurança e Ordem Pública (APMBB/PMESP)
Oficial da Polícia Militar do Estado de São Paulo
Professor Universitário

Manual de Polícia Judiciária Militar

Direito Penal e Processual Penal Militar

Manual de Polícia Judiciária Militar
Direito Penal e Processual Penal Militar
Eduardo Henrique Alferes

1ª edição 2013

© desta edição: Edipro Edições Profissionais Ltda. – CNPJ nº 47.640.982/0001-40

Editores: Jair Lot Vieira e Maíra Lot Vieira Micales
Coordenação editorial: Fernanda Godoy Tarcinalli
Editoração: Alexandre Rudyard Benevides
Revisão: Sandra Cristina Lopes
Arte: Karine Moreto Massoca

Dados de Catalogação na Fonte (CIP) Internacional
(Câmara Brasileira do Livro, SP, Brasil)

Alferes, Eduardo Henrique

Manual de polícia judiciária militar : direito penal e processual penal militar / Eduardo Henrique Alferes – São Paulo: EDIPRO, 2013.

Bibliografia
ISBN 978-85-7283-848-1

1. Crimes militares – Brasil 2. Direito penal militar – Brasil 3. Direito processual penal militar – Brasil 4. Inquérito policial – Brasil 5. Prisão em flagrante – Brasil I. Título.

12- 15700   CDU-344.1.(81)

Índices para catálogo sistemático:
1. Brasil : Crimes militares : Direito penal e processual penal militar : 344.1(81)

EDITORA AFILIADA

edições profissionais ltda.
São Paulo: Fone (11) 3107-4788 – Fax (11) 3107-0061
Bauru: Fone (14) 3234-4121 – Fax (14) 3234-4122
www.edipro.com.br

Quid custodiet custodes?[*]

Juvenal

(*) Máxima atribuída a Juvenal, tem tradução livre como: "Quem vigiará os vigilantes?". Juvenal (60-140), cuja *tria nomina* é Decimus Iunius Iuvenalis, foi poeta romano, autor de obras como o livro *As Sátiras*. A frase também é encontrada como: *quis custodiet custodes ipsos?*

SUMÁRIO

PREFÁCIO 17

NOTAS INTRODUTÓRIAS 19

Capítulo 1

CONCEITOS FUNDAMENTAIS 21

1.1. DIREITO PENAL MILITAR E CRIME MILITAR 21

    1.1.1. Direito Penal Militar 21

    1.1.2. Bem jurídico tutelado 21

    1.1.3. Crime militar 22

    1.1.4. Conceitos importantes 24

        1.1.4.1. Militar 24

        1.1.4.2. Militar da ativa 24

        1.1.4.3. Militar agregado 24

        1.1.4.4. Militar federal e militar estadual 26

        1.1.4.5. Militar estadual e militar estadual (Estados distintos) 26

        1.1.4.6. Serviço temporário 27

        1.1.4.7. Viatura como lugar sujeito a administração militar 27

        1.1.4.8. "Em razão do serviço" 27

8 | Manual de Polícia Judiciária Militar

1.1.5. Competência da Justiça Militar 28

1.2. POLÍCIA JUDICIÁRIA MILITAR 29

   1.2.1. Exercício das atribuições de Polícia Judiciária Militar 31

   1.2.2. Funções 32

   1.2.3. Autoridade de Polícia Judiciária Militar 33

   1.2.4. Delegação 34

      1.2.4.1. Homologação 37

      1.2.4.2. Não homologação 37

   1.2.5. Não delegação 38

   1.2.6. Critério de competência 39

      1.2.6.1. Competência territorial 39

      1.2.6.2. Competência em razão das circunstâncias 40

      1.2.6.3. Competência em razão da matéria 40

   1.2.7. Controle externo da atividade de Polícia Judiciária Militar   43

   1.2.8. Assistência de membro do Ministério Público 44

1.3. PROCEDIMENTOS APÓS OCORRÊNCIA DE INTERESSE DO PPJM 44

   1.3.1. — 1ª Fase – Conhecimento do fato 45

   1.3.2. — 2ª Fase – Procedimentos iniciais e definição da natureza da infração 46

   1.3.3. — 3ª Fase – Definição da autoridade competente e do procedimento a ser adotado 46

   1.3.4. — 4ª Fase – Registro dos fatos (formalização dos feitos de PJM) 48

Capítulo 2

INQUÉRITO POLICIAL MILITAR 49

2.1. INTRODUÇÃO E NOÇÕES GERAIS 49

   2.1.1. Introdução 49

SUMÁRIO | 9

2.1.2. Noções gerais 52

2.1.2.1. Classificação do tipo penal e indicação de excludentes e qualificadoras 52

2.1.2.2. Quanto a excludentes 53

2.1.2.3. Quanto às qualificadoras 53

2.1.2.4. Autoridade natural 54

2.1.2.5. Natureza jurídica 54

2.2. CARACTERÍSTICAS 54

2.2.1. Procedimento escrito 54

2.2.2. Sigilo 55

2.2.3. Cópias reprográficas 56

2.2.4. Oficialidade 57

2.2.5. Oficiosidade 57

2.2.6. Indisponibilidade 57

2.2.7. Inquisitivo 58

2.2.8. Finalidade 59

2.3. OBSERVAÇÕES IMPORTANTES 59

2.3.1. Vícios 59

2.3.2. Incomunicabilidade 60

2.3.3. Atuação do advogado 60

2.3.4. Contraditório no Inquérito Policial Militar 61

2.3.5. Dispensa do inquérito 62

2.3.6. Arquivamento 63

2.3.7. Conexão e continência no contexto de Inquérito Policial Militar 63

2.3.8. Ocorrências simultâneas 64

2.3.9. Prazos 64

2.3.10. IPM frente à repercussão do fato na mídia 66

2.4. INÍCIO DO INQUÉRITO 68

10 | MANUAL DE POLÍCIA JUDICIÁRIA MILITAR

2.4.1. Instauração de ofício com base em informações anônimas   68

2.4.2. Instauração e Portaria   70

    2.4.2.1. Instauração por delegação   70

    2.4.2.2. Instauração sem delegação   71

2.4.2.3. Instauração por determinação   71

2.4.2.4. "Redelegação"   72

2.5. ENCARREGADO   73

2.5.1. Atuação do encarregado   73

2.5.2. Suspeição do encarregado de Inquérito Policial Militar ...   74

2.6. PROVIDÊNCIAS PRELIMINARES   75

2.7. INDICIAMENTO   76

2.7.1. Indiciamento na hipótese de excludente de ilicitude   79

2.7.2. Cancelamento do indiciamento   79

2.7.3. Inconformismo do indiciado   80

2.8. FORMALIDADES DO RITO   80

2.8.1. Portaria   80

2.8.2. Termo de Compromisso de escrivão   81

2.8.3. Termos de coletas de provas pessoais   81

    2.8.3.1. Termo de Declarações 1 – TD   81

    2.8.3.2. Inquirição Sumária – IS   81

    2.8.3.3. Recusa de depor   82

    2.8.3.4. Termo de Declarações 2 – TD   82

    2.8.3.5. Auto de Qualificação e Interrogatório – AQI   83

2.8.4. Termos de coletas de provas materiais   83

2.8.5. Documentos de requisição de perícias e exames   84

2.8.6. Encaminhamento do Inquérito Policial Militar   84

2.8.7. Auto de Avaliação   85

SUMÁRIO | 11

2.8.8. Outros aspectos formais 85

2.8.8.1. Despachos 86

2.8.8.2. Certidão 86

2.9. ESCRIVÃO 86

2.9.1. Participação do escrivão nos atos de PJM 87

2.9.2. Formalidades afetas ao escrivão 88

2.9.2.1. Autuação 88

2.9.2.2. Autuamento 88

2.9.2.3. Termo de Recebimento 91

2.9.2.4. Despacho de Conclusão 92

2.9.2.5. Certidão 92

2.9.2.6. Termo de Juntada 92

2.9.2.7. Desentranhamento 92

2.9.2.8. Termo de Encerramento 92

2.9.2.9. Termo de Abertura 93

2.9.2.10. Assentada 93

2.10. RELATÓRIO 93

2.10.1. Relatório de conclusão do IPM 93

2.10.2. Relatório das diligências iniciais 95

Capítulo 3
SITUAÇÕES PECULIARES 99

3.1. CRIME MILITAR DOLOSO CONTRA A VIDA 99

3.2. EMBRIAGUEZ 104

3.2.1. Quesitos na requisição de exame pericial 106

3.3. OCORRÊNCIA ENVOLVENDO POLICIAL CIVIL OU
MILITAR FEDERAL 107

3.3.1. Policial Civil 107

12 | Manual de Polícia Judiciária Militar

3.3.2. Militar Federal 109

3.4. ACIDENTE DE TRÂNSITO ENVOLVENDO VIATURA POLICIAL MILITAR 110

3.5. ABUSO DE AUTORIDADE 113

   3.5.1. Apuração do abuso de autoridade 113

   3.5.2. Abuso de autoridade cometido pelo encarregado dos feitos de PJM 115

3.6. TORTURA 116

3.7. ATUAÇÃO DO ÓRGÃO CORREGEDOR 117

3.8. PROTEÇÃO À TESTEMUNHA 118

Capítulo 4

MEDIDAS CAUTELARES 121

4.1. INTRODUÇÃO 121

4.2. MEDIDAS CAUTELARES ASSECURATÓRIAS DE BENS 121

   4.2.1. Busca e apreensão 122

      4.2.1.1. Busca e apreensão relacionada com crime comum 123

      4.2.1.2. Busca domiciliar 124

      4.2.1.3. Solicitação de mandado de busca domiciliar baseado em informações anônimas 127

   4.2.2. Apreensão de produtos específicos 128

      4.2.2.1. Drogas, produtos químicos e explosivos 128

      4.2.2.2. Armas e munições 129

      4.2.2.3. Apreensão de arma utilizada por militar em ocorrência envolvendo civil 130

      4.2.2.4. Conclusões 133

   4.2.3. Arrecadação 133

   4.2.4. Exibição e apreensão 134

   4.2.5. Restituição das coisas apreendidas 134

SUMÁRIO | 13

4.3. MEDIDAS CAUTELARES QUE RECAEM SOBRE PESSOAS 135

   4.3.1. Prisão preventiva 135

      4.3.1.1. Pressupostos 136

      4.3.1.2. Fundamentos 136

      4.3.1.3. Apresentação espontânea 139

      4.3.1.4. Desnecessidade 139

   4.3.2. Prisão temporária 140

      4.3.2.1. Fundamentos 140

      4.3.2.2. Procedimentos e prazo 142

   4.3.3. Formalidades da prisão temporária ou preventiva 144

   4.3.4. Menagem 145

      4.3.4.1. Menagem e o encarregado do IPM 145

      4.3.4.2. Menagem e a Autoridade Judiciária ... 147

      4.3.4.3. Inaplicabilidade 148

4.4. MEDIDAS CAUTELARES ASSECURATÓRIAS DE DIREITOS 148

   4.4.1. Reconhecimento de pessoas ou coisas 148

   4.4.2. Reprodução simulada dos fatos 149

Capítulo 5

AUTO DE PRISÃO EM FLAGRANTE DELITO 151

5.1. INTRODUÇÃO 151

5.2. APFD: REQUISITOS, VEDAÇÕES E COMPETÊNCIAS .. 152

   5.2.1. Requisitos para APFD 154

   5.2.2. Vedações ao APFD 155

5.3. SITUAÇÕES PECULIARES 158

   5.3.1. Fuga do suposto autor 158

   5.3.2. Competência e delegação 159

   5.3.3. Controle de legalidade 161

14 | MANUAL DE POLÍCIA JUDICIÁRIA MILITAR

5.4. PROCEDIMENTO DE ELABORAÇÃO DO APFD 161
    5.4.1. Procedimentos informais (iniciais) 161
    5.4.2. Procedimentos formais 162
    5.4.3. Remessa de autos 166
        5.4.3.1. Se não houver necessidade de diligências 167
        5.4.3.2. Se houver necessidade de realização de diligências 167
        5.4.3.3. Importante 168
    5.4.4. Objetos apreendidos 169

Capítulo 6

EXAMES PERICIAIS 171
6.1. INTRODUÇÃO 171
    6.1.1. Local de crime 172
    6.1.2. Perícias 172
6.2. EXAMES PERICIAIS 172
    6.2.1. Concurso do órgão responsável pela realização de perícias 172
    6.2.2. Acidente de trânsito sem vítima envolvendo veículo oficial 174
6.3. REQUISIÇÕES 175
    6.3.1. Cópia de laudos de exames periciais 177
6.4. QUESITOS NA REQUISIÇÃO (HPM/IML/IC) 178
6.5. EXAMES ESPECIAIS 184
    6.5.1. Áudio 184
    6.5.2. Vídeo 184
    6.5.3. Armas 185
    6.5.4. Grafotécnico 185

Capítulo 7

DESERÇÃO 187
7.1. INTRODUÇÃO 187

Sumário | 15

7.2. PROCEDIMENTOS ADOTADOS 190

7.2.1. Situações destacáveis 195

7.2.2. Formalidades 196

7.3. APRESENTAÇÃO ESPONTÂNEA DO DESERTOR 197

7.3.1. Captura de desertor 198

ANEXOS 199

1. PORTARIA CorregPM-1/310/99 – *Estabelece a rotina de procedimentos para os casos de deserção* 199

2. PROVIMENTO CorregG JMSP Nº 002/2002 – *Normatiza sobre substâncias entorpecentes, químicas, tóxicas, inflamáveis, explosivas e/ou assemelhadas* 205

3. PORTARIA CorregG JMSP Nº 003/2003 – *Dispõe sobre a aplicação do Artigo 68 do Estatuto de Roma do Tribunal Penal Internacional, que trata da "Proteção das Vítimas e das Testemunhas e sua Participação no Processo"* 206

4. PROVIMENTO CorregG JMSP Nº 003/2005 – *Orientação Normativa – Acidente de Trânsito* 209

5. PROVIMENTO CorregG JMSP Nº 004/2007 – *Orientação Normativa – Apreensão de instrumentos ou objetos em Inquéritos Policiais Militares* 211

6. PORTARIA CorregG JMSP Nº 021/2010 – *Disciplina a guarda, manutenção e destinação das armas, explosivos, munições, objetos e valores apreendidos* 212

REFERÊNCIAS 217

ABREVIATURAS 221

LISTA DE QUADROS

Quadro 1 – Classificação como crime militar 23

Quadro 2 – Hipóteses de crimes militares 25

Quadro 3 – Hipótese de ocorrência de crime militar fora do horário de expediente administrativo 36

Quadro 4 – Adaptação do critério de competência 41

Quadro 5 – Procedimento após ocorrência de interesse da Polícia Judiciária Militar 47

Quadro 6 – Funções atribuídas ao escrivão no CPPM 89

Quadro 7 – Crimes militares aos quais são aplicáveis as disposições de proteção à testemunha 119

Quadro 8 – Aspectos jurídicos da busca e apreensão 126

Quadro 9 – Aspectos práticos da execução da busca e apreensão 127

Quadro 10 – Requisitos fundamentais para cabimento de prisão temporária 141

Quadro 11 – Crimes passíveis de prisão temporária: comparativo com crimes militares 142

Quadro 12 – Prisão em flagrante: requisitos 154

Quadro 13 – Fuga de detido 159

Quadro 14 – Formalidades do APFD 167

Quadro 15 – Formalidades na realização de diligências 168

Quadro 16 – Procedimentos adotados no crime de deserção (Contagem tradicional) 191

Quadro 17 – Procedimentos adotados no crime de deserção (Contagem estendida) 193

Prefácio

É com muita satisfação que aceitei o honroso convite para prefaciar a obra intitulada *Manual de Polícia Judiciária Militar*, de autoria de Eduardo Henrique Alferes, Oficial da Polícia Militar do Estado de São Paulo, formado pela Academia de Polícia Militar do Barro Branco. Além do conhecimento no âmbito da Polícia Militar, o autor é Mestre em Direito Penal pela Pontifícia Universidade Católica de São Paulo (PUC-SP), com experiência no magistério em Direito Penal, Legislação Penal Especial, Direito Processual Penal Militar e Direito Penal Militar.

Vários são os motivos da minha alegria e honra em prefaciar esta obra. O autor foi meu aluno e orientando no curso de mestrado em Direito Penal na PUC-SP, tendo produzido a dissertação intitulada *A Vingança como Componente da Pena Contemporânea*, aprovada com nota máxima, em 2011. Além disso, o autor acompanhou meus cursos durante longo tempo, o que propiciou o estabelecimento de uma relação de amizade e profícuas discussões acadêmicas.

A obra ora prefaciada, escrita de forma clara e didática, é destinada a todos os estudiosos da atividade de Polícia Judiciária, sejam bacharéis em Direito ou pesquisadores de outras áreas do conhecimento. Aborda temas relacionados ao Direito Processual e Penal Militar, referentes à atividade de Polícia Judiciária Militar, sobretudo ao inquérito policial militar. Por esse motivo, dedica-se especificamente a Oficiais e Sargentos da Polícia Militar, na atividade de Escrivães de Polícia Judiciária Militar, sem afastar o interesse de estudiosos de outras esferas jurídicas.

Nos assuntos comentados, o autor ressalta a diferenciação entre o Direito Penal Comum e o Direito Penal Militar. Para tanto, utiliza referências legais e administrativas, arrimadas em sólida doutrina e ampla jurisprudência sobre os temas tratados, trazendo para o leitor não só o seu pensamento, como também entendimentos em sentido diverso, o que propicia ampla reflexão e debates entre as ideias expostas.

A obra, dividida em capítulos, parte de conceitos fundamentais sobre os temas e, na sequência, cuida do inquérito policial militar, das situações peculiares, das medidas cautelares, do auto de prisão em flagrante delito, dos exames periciais e da deserção. Vem, ainda, acompanhada de anexo contendo normas do Tribunal de Justiça Militar sobre os assuntos comentados.

Por esses motivos, minha alegria em prefaciar este admirável livro, fruto da experiência, das reflexões e do preparo jurídico do autor, que certamente atenderá às expectativas de todos os interessados nos temas tratados.

Oswaldo Henrique Duek Marques

Procurador de Justiça aposentado e Professor Titular de Direito Penal da Pontifícia Universidade Católica de São Paulo

Notas Introdutórias

A presente obra tem como objetivo abordar os principais temas relacionados ao Direito Processual e Penal Militar referentes à atividade de polícia judiciária militar, sobretudo o inquérito policial militar. Para tanto utiliza-se de referências doutrinárias consolidadas, tendências e normas legais e administrativas (legislação e atos administrativos).

Independentemente do método utilizado, permanece a preocupação em respeitar a compreensão e a autonomia intelectual do leitor, evitando induzir à cega adesão ao entendimento do autor ou da referência utilizada.

A cada tópico deste Manual, busca-se manter a "neutralidade" em relação às correntes doutrinárias e jurisprudenciais, quando estabelecidas em oposição. Sendo necessário o posicionamento, em respeito ao leitor, não se deixa de citar eventual posição contrária, ainda que minoritária.

Encontra-se didaticamente dividida em sete capítulos, assim distribuídos: conceitos fundamentais; inquérito policial militar; situações peculiares; medidas cautelares; auto de prisão em flagrante delito; exames periciais; deserção; e o anexo com as principais normas do TJM acerca dos temas tratados.

As noções constantes do subtítulo desta obra – direito processual e penal militar – propõem-se por meio de apontamentos esquematizados, quadros, enumeração didática de ações, rol de procedimentos e outras técnicas aqui apresentadas. Tais quesitos vão de encontro ao foco central deste trabalho, qual seja constituir-se em fonte de consulta e orientação profissional voltada à atuação da polícia judiciária militar e à fácil compreensão por profissionais e estudantes que atuam ou desejam atuar na área.

CONCEITOS FUNDAMENTAIS

1.1. DIREITO PENAL MILITAR E CRIME MILITAR

1.1.1. Direito Penal Militar

Acompanhando a definição dada por Cícero Robson Coimbra Neves e Marcello Streifinger, *Direito Penal Militar* é o "conjunto de normas jurídicas que têm por objeto a determinação de infrações penais, com suas consequentes medidas coercitivas em face da violação, e ainda, pela garantia dos bens juridicamente tutelados, mormente a regularidade de ação das forças militares, proteger a ordem jurídica militar, fomentando o salutar desenvolver das missões precípuas atribuídas às Forças Armadas e às Forças Auxiliares".[1]

1.1.2. Bem jurídico tutelado

Tratando-se de bens jurídicos é importante destacar que entre os de maior relevância para o Direito Penal Militar, com reflexos diretos na eleição dos bens penalmente tutelados, destacam-se: disciplina, hierarquia[2] e manutenção da regularidade das instituições militares.[3]

---

1. NEVES; STREIFINGER, 2005, p. 33.

2. Nesse sentido, ver Moraes (2003, p. 27), destacando inclusive o art. 55 do CPPM quanto à atenção especial do Ministério Público no que diz respeito ao resguardo das normas de hierarquia e disciplina. Faz ainda interessante comentário: "Em tese, podemos dizer que ataques menores a tais valores estão sujeitos a sanções regulamentares, enquanto lesões maiores estão sujeitas a sanções nos dois níveis (administrativo e penal militar), devendo a caracterização do crime militar ser estabelecida através do respeito ao Princípio da Tipicidade Penal".

3. Nesse sentido, ver Neves e Streifinger (2005, p. 16-7).

22 | MANUAL DE POLÍCIA JUDICIÁRIA MILITAR

1.1.3. Crime militar

Consideram-se crimes militares aqueles estabelecidos pela lei, portanto, no Brasil, adota-se o critério *ratione legis*.[4] Porém, faz-se necessário, em alguns casos, lembrarmos a distinção existente entre crime propriamente militar e impropriamente militar.[5] Adotando a teoria clássica[6] temos:[7]

Crime propriamente militar: é aquele que só pode ser cometido por militares, consistindo em violação de deveres que lhes são próprios, sendo, portanto, "crime funcional praticável somente pelo militar".[8]

Crime impropriamente militar: é aquele que pode ser cometido por qualquer pessoa, civil ou militar, não dizendo particularmente respeito à vida militar.

É crucial entender e aplicar os critérios de qualificação da infração penal como "crime militar", pois, através dessa análise determina-se a competência da Justiça Militar, Estadual ou Federal e, consequentemente, da polícia judiciária militar.[9]

---

4. Critério evidenciado nos arts. 124 e 125, § 4º, da CF.

5. Exemplo dessa necessidade de distinção das subespécies está sobretudo na definição de crime propriamente militar, como no art. 5º, XLI, da Carta Magna, que trata do recolhimento disciplinar, abordado no decorrer desta obra.

6. Conforme distinção de Neves e Streifinger (2005, p. 48-9), quanto à definição de crime propriamente militar, há três correntes de maior destaque: a definição clássica, segundo a qual crime seria aquele que só pode ser praticado por militar (por exemplo: deserção – art. 187 do CPM) – neste sentido Célio Lobão e Jorge Cesar de Assis; a definição dada pelos doutrinadores afetos ao direito penal "comum", que considera como crime propriamente militar aquele que está definido apenas no CPM, neste sentido Celso Delmanto, Fernando Capez; e outra, adotada por Jorge Alberto Romeiro, citado por Neves e Streifinger (2005, p. 50), entendendo que são aqueles cuja ação penal somente pode ser proposta contra militar.

7. Fugindo à regra adotada pelos doutrinadores não afetos ao direito militar, tem-se a lúcida definição de Zaffaroni e Pierangeli, que também adotam a teoria clássica: "são delitos militares próprios aqueles que só um militar pode cometer, por sua própria condição, os quais, se realizados por pessoa que não seja militar, são atípicos. Delitos militares impróprios são aqueles em que há comprometimento de bens jurídicos militares e não militares, vale dizer que, se cometidos por um militar, são mais ou menos graves, mas que, se fossem praticados por um não-militar, continuariam a ser, igualmente, típicos" (ZAFFARONI; PIERANGELI, 1999, p. 843).

8. Exemplificativamente cita-se os crimes tipificados nos arts. 187 (deserção), 203 (dormir em serviço), 363 (cobardia) etc. do CPM.

9. Nesse sentido, ver Moraes (2003, p. 38): "crime propriamente militar, como acentua Esmeraldino Bandeira, recebeu definição precisa do Direito Romano e consistia naquele que só o

O processo de análise e entendimento de que uma determinada conduta é tipificada como crime militar passa, obrigatoriamente, por duas fases, ou seja, a verificação da tipicidade *direta* (se o fato delitivo está descrito na norma penal – Código Penal Militar, em sua parte especial) e tipicidade *indireta*[10] (se o fato analisado, previsto na parte especial do CPM ocorreu nas circunstâncias especificadas em seu art. 9º).

Conforme salienta Reinaldo Zychan de Moraes, "ao contrário do que ocorre, em regra, no Código Penal, Decreto-Lei nº 2.848, de 7 de dezembro de 1940, no Código Penal Militar os crimes são todos de tipicidade indireta, ou seja, é 'necessário à tipicidade que se complete o tipo penal com outras normas, contidas na parte geral'. Assim, existe a necessidade de se combinar o tipo penal dos crimes em tempo de paz com alguma das hipóteses do art. 9º, ou o tipo penal dos crimes em tempo de guerra com alguma das hipóteses do art. 10".[11]

De maneira esquemática, observemos a seguir o quadro 1:

Quadro 1 – Classificação como crime militar

1º) fato analisado possui tipificação na Parte Especial do CPM? (verificação da tipicidade direta)	**SIM**, sendo o autor militar da ativa: a) só existe a tipificação no CPM: então é crime militar (art. 9º, I, do CPM). b) existe previsão no CPM e no CP. Pode ser crime militar, depende do 2º passo.
	SIM, sendo o autor militar inativo ou civil: Pode ser crime militar, depende do 2º passo.
	NÃO: não é crime militar.
2º) as circunstâncias do fato (crime) estão de acordo com o art. 9º, II e III, do CPM?	**SIM**: em regra será crime militar (depende do 3º passo).
(verificação da tipicidade indireta)	**NÃO**: não será crime militar.

---

soldado pode cometer, porque 'dizia particularmente respeito à vida militar, considerada no conjunto da qualidade funcional do agente, da materialidade especial da infração e da natureza peculiar do objeto danificado, que deveria ser o serviço, a disciplina, a administração ou a economia militar'." Fazendo referência a Bandeira (1919, p. 26).

10. "Tipicidade indireta" é termo utilizado com bastante propriedade por Neves e Streifinger (2005).

11. Moraes (2003, p. 39).

3°) o sujeito ativo pode cometer crime militar na esfera analisada (Estadual ou Federal)? (Estadual: art. 125, § 4°, da CF)	**SIM**: é crime militar, apurável pela Justiça Militar Estadual/Federal. **NÃO**: não é crime militar apurável pela esfera estadual.

Quanto ao art. 9° do CPM, os crimes militares podem basicamente ser[12] verificados conforme o resumo apresentado no quadro 2 (ver página 25).

1.1.4. Conceitos importantes

1.1.4.1. Militar

Conforme art. 22 do CPM c/c os arts. 42 e 125, § 4°, da CF, considera-se militar, para efeitos da aplicação do CPM, qualquer pessoa que, em tempo de paz ou de guerra, seja incorporada às força armadas ou forças militares auxiliares (Policias e Corpos de Bombeiros Militares), para nelas servir em posto, graduação, ou sujeição à disciplina militar.

1.1.4.2. Militar da ativa

Compreende o militar que esteja de serviço, de folga ou licenciado. É condição do militar estar na ativa, portanto, independe, para os fins desse conceito, o local onde ocorre um delito militar ser ou não sujeito a administração militar, ou seja, não importa para a definição de militar da ativa, sua atuação ser fora ou dentro do quartel.

1.1.4.3. Militar agregado

No Estado de São Paulo, o policial militar torna-se inativo temporariamente ao passar à condição de "agregado", conforme Decreto-Lei Estadual

---

12. Damos ênfase à hipótese em que a Justiça Militar Estadual é competente para o julgamento, e consequentemente, relacionadas as atribuições de Polícia Judiciária Militar Estadual. Não abordamos, portanto, casos da Justiça "comum" ou Justiça Militar Federal, em que há envolvimento, por exemplo, de civil como autor de crime militar.

Quadro 2 – Hipóteses de crimes militares

Polo ativo	Polo passivo		CPM	
Sujeito ativo	Condição	Sujeitos passivos	Condição	Artigo
Militar	Ativa[13]	Militar estadual ou federal da ativa	qualquer condição	9º, II, *a*
	Ativa, em lugar sujeito adm militar	Militar da reserva, reformado ou civil		9º, II, *b*
	Serviço, em razão função[14] (lugar não sujeito a administração militar)	Militar da reserva, reformado ou civil	qualquer condição	9º, II, *c*
	Durante manobra ou exercício	Militar da reserva, reformado ou civil	qualquer condição	9º, II, *d*
	Ativa	Patrimônio sob administração militar; ou ordem administrativa militar	qualquer condição	9º, II, *e*
Militar da reserva, reformado ou civil	qualquer condição	Patrimônio sob administração militar; ou ordem administrativa militar	qualquer condição	9º, III, *a*
	Lugar sujeito a administração militar	Militar	ativa	9º, III, *b*
		Funcionário da Justiça Militar	exercício da função	9º, III, *b*
	qualquer condição	Militar em formatura, prontidão, vigilância, acampamento etc.	qualquer condição	9º, III, *c*
	lugar não sujeito a administração militar	Militar em função militar; vigilância; preservação ordem pública, administrativa ou judiciária; obediência a determinação superior	qualquer condição	9º, III, *d*
Militar Federal	qualquer condição	Militar Estadual	qualquer condição	obs[15]

13. Ativa: de folga ou de serviço, independe.

14. Não se instaura IPM nas seguintes hipóteses: a) se autor agiu em defesa de atividade extracorporação – "bico"; e b) se o militar for vítima do crime inicial e agir para conter a ação delitiva iniciada contra ele (não sendo conhecida sua função de militar), ou seja, agiu, por exemplo, em legítima defesa e não como policial/militar.

15. A respeito, ver item do tópico "Conceitos importantes".

n° 260 (de 29.5.1970). A Lei n° 6.880/1980, Estatuto dos Militares, regula a agregação em seus arts. 80 a 85, levando ao entendimento de que, para as Forças Armadas, o agregado continua sendo militar da ativa. Há entendimento[16] que considera o militar estadual agregado, para fins penais militares, como militar da ativa, sujeitando-se tanto ao CPM, nas hipóteses em que essa condição tem relevância, bem como para efeitos disciplinares.[17]

1.1.4.4. Militar federal e militar estadual

Ressaltado por Neves e Streifinger,[18] parte da doutrina entende que o Militar Estadual é considerado, para fins de aplicação do art. 9° do CPM, como civil pela Justiça Militar Federal, e vice-versa. Porém, os citados autores fazem importante referência a entendimento do STM (Superior Tribunal Militar) que teria firmado posição no sentido de que há crime militar, calcado na alínea "a" do inciso II do art. 9° do CPM, em agressão sofrida por policial militar (militar estadual), perpetrada por militar federal de folga. Os autores, porém, concordam com Célio Lobão em relação a posição inicialmente registrada, ou seja, pela não equiparação dos integrantes das Polícias Militares Estaduais aos componentes das Forças Armadas para fins da Justiça não sendo possível o enquadramento no art. 9° e incisos do CPM. Acompanhamos essa última posição.

1.1.4.5. Militar estadual e militar estadual (Estados distintos)

Segundo Neves e Streifinger, há predominância no entendimento "de que se terá crime militar, sendo a competência da Justiça Militar Estadual do sujeito ativo do crime. A instauração de inquérito policial militar será em razão da atribuição territorial".

---

16. Lobão (2004, p. 6).

17. Exemplo dessa posição é *caput* do art. 2° da Lei Disciplinar da Policia Militar do Estado de São Paulo (Lei Complementar n° 893, de 9.3.2001): "estão sujeitos ao Regulamento Disciplinar da Polícia Militar os militares do Estado do serviço ativo, da reserva remunerada, os reformados e os agregados, nos termos da legislação vigente".

18. Neves e Streifinger (2005, p. 133).

1.1.4.6. Serviço temporário

Os militares que prestam serviço em caráter temporário enquadram-se na definição de militar da ativa, enquanto perdurar seu serviço temporário, portanto, aplicam-se as normas do CPM.[19] Há entendimento defendido no sentido da inaplicabilidade do CPM aos prestadores de serviço temporário no âmbito militar estadual, ainda que a roupagem seja de "militar temporário". Nos filiamos a essa última posição.

1.1.4.7. *Viatura como lugar sujeito a administração militar*

O veículo oficial utilizado por forças militares estaduais é a viatura policial militar (veículo policial militar, caminhão, moto, helicóptero, *trailer*, bases móveis etc.), não pode ser considerada como "*lugar sujeito à administração militar*" para fins de incidência do CPM. No mesmo sentido, Neves e Streifinger.[20]

Em sentido contrário, Célio Lobão, semelhante ao entendimento do Tribunal de Justiça Militar do Estado de São Paulo (TJM-SP), "*viatura*" é "*lugar*" sujeito à administração militar. O Provimento nº 003/05-CG[21] indica entendimento de que as viaturas, *trailers* e unidades móveis são consideradas como *lugares* sujeitos à administração militar.[22]

1.1.4.8. *"Em razão do serviço"*

Conforme art. 9º, II, "c", do CPM, consideram-se crimes militares em tempo de paz, os crimes previstos no Código Penal Militar, embora também o sejam com igual definição na lei penal comum, quando praticados por militar em serviço ou atuando em razão da função, em comissão de natureza militar, ou em formatura, ainda que fora do lugar sujeito à administração militar contra militar da reserva, ou reformado, ou civil.

---

19. Entendimento de Neves e Streifinger (2005, p. 137).

20. *Op. cit.*, p. 138.

21. Publicado no *DOE* nº 211, de 11.11.2005, p. 249.

22. Faz referência, inclusive, às seguintes decisões: Recurso em Sentido Estrito nº 974/05, Recurso Inominado nº 030/04, Recurso Inominado nº 035/04, Recurso Inominado nº 036/04 e Recurso Inominado nº 037/04.

28 | Manual de Polícia Judiciária Militar

Nesse aspecto, para fins de instauração de procedimento de polícia judiciária militar, considera-se "em razão do serviço" aquela circunstância em que o militar mesmo estando de folga e em trajes civis atua em razão de sua função (militar ou policial militar), ou seja, mesmo não estando de serviço, deparando-se com a necessidade de atuação (policial, no caso do militar estadual), coloca-se em serviço para intervir quando do cometimento de infração penal.[23]

A esse aspecto, Rogério Greco[24] registra que:

> Talvez um dos fardos mais pesados, criados pelo Direito Penal, seja a posição de garantidor. Para os policiais militares, esse fardo se torna ainda mais pesado, uma vez que, de acordo com o Estatuto da Polícia Militar de quase todos os Estados da federação, o policial militar, mesmo fora do seu horário normal de trabalho, ainda continua com esse *status*, ou seja, ainda é considerado como garantidor, tendo, mesmo nas horas e nos dias de folga, o dever de agir para impedir os resultados previstos nos tipos penais. O raciocínio não é diferente quando estamos diante de um policial civil, cujos estatutos também preveem a sua condição de garantidor durante as 24 horas do dia.

Por outro lado, **não** se configura a adesão ao serviço (agir "em razão do serviço") a circunstância do militar:

a) agiu em defesa de atividade extracorporação – "bico";

b) ser vítima do crime inicial e agir para conter a ação delitiva iniciada contra ele (não sendo conhecida sua função de militar), ou seja, agiu, por exemplo, em legítima defesa e não como policial/militar. Assim, nesses casos, não se considera crime militar.

1.1.5. Competência da Justiça Militar

A competência da Justiça Militar Federal (composta pelo STM, Auditoria de Correição, Conselhos de Justiça, Juízes-Auditores e Juízes-Audi-

---

23. Segundo Neves e Streifinger (2005, p. 139): "... como muito bem assinala Jorge César de Assis, em razão do 'dever jurídico de agir', o qual é conceituado pelo mestre como aquele em que o policial militar, de folga, 'comete o fato delituoso por ter-se colocado em serviço, intervindo em situação de flagrância', isso por imposição legal dos arts. 301 do CPP e 243 do CPPM, dispositivos que impõem o dever de ação nos casos de flagrante delito".

24. Greco (2009, p. 145).

tores Substitutos – art. 92, VI, da CF; arts. 1º e 7º da Lei Complementar nº 35/1979), em razão da matéria, é tratada no art. 124, *caput*, da CF, estabelecendo que compete a ela processar e julgar os crimes militares definidos em lei (atualmente no Código Penal Militar).

No âmbito da Justiça Militar Federal, não há restrições quanto a vínculo jurídico com a Administração Militar do autor do crime, portanto, civil pode ser, nos crimes em que o tipo penal permita, sujeito ativo de ilícito penal militar, ou seja, o civil poderá ser autor de crime militar. Nessa hipótese cabe a JMF julgá-lo.

A Justiça Militar Estadual é formada em 2ª instância ou pelo Tribunal de Justiça Militar (TJM) – nos Estados de São Paulo, Minas Gerais e Rio Grande do Sul – ou o Tribunal de Justiça (TJ) – nos demais Estados. Os órgãos de 1ª instância são: Juiz de Direito do Juízo Militar, Juiz de Direito Substituto do Juízo Militar, Conselho Especial de Justiça e Conselho Permanente de Justiça.

Compete a JME, conforme o § 5º do art. 125 da CF (acrescido pela Emenda Constitucional nº 45/2004), processar e julgar o militar estadual, nos crimes militares definidos em lei.

Diferentemente da JMF, a competência da JME restringe-se a processar e julgar o policial militar e o bombeiro militar da respectiva unidade federativa nos crimes estabelecidos pelo Código Penal Militar. Exclui-se, portanto, o julgamento de civil, fazendo com que também haja uma mitigação do campo de atuação do inquérito policial militar instruído pela força auxiliar estadual (Polícia Militar ou Corpo de Bombeiro Militar) em relação a procedimento de mesma natureza instaurado e instruído no âmbito de atribuição da Polícia Judiciária Militar Federal (Forças Armadas).[25]

1.2. POLÍCIA JUDICIÁRIA MILITAR

Diferentemente do que ocorreu quanto a Polícia Civil (art. 144, IV, da CF), a Constituição Federal não estabeleceu uma determinada autoridade

---

25. Considerando que, ao menos no âmbito federal, há possibilidade de civil ser autor de crime militar e ser processado e julgado pela Justiça Militar (Federal), faz-se necessário a identificação desse que, por vezes, pode ser bastante dificultada se comparada a identificação do militar. Quanto a distinção técnica e jurídica de identificação e individualização e as formas em que esses institutos são estabelecidos, reportamos ao artigo "Lei nº 12.037/2009: novamente a velha identificação criminal" (ALFERES, 2010, p. 18-9) [texto também disponível em <*http://jus.com.br/revista/texto/15124/*>].

30 | MANUAL DE POLÍCIA JUDICIÁRIA MILITAR

de Polícia Judiciária Militar. Aliás, sequer menciona a atividade de "Polícia Judiciária Militar" no capítulo que trata da Segurança Publica, porém, trata de forma implícita ao excluir da competência da Polícia Civil (Estadual ou Federal) a apuração de infrações penais militares (art. 144, § 4º, da CF). O fato de não ser mencionada a "polícia judiciária militar" no referido capítulo justifica-se pelo fato de a norma constitucional tratar de "instituições" relacionadas à segurança pública e não "atribuições".

Coube à legislação infraconstitucional tal regramento, por meio do Código de Processo Penal Militar (CPPM), que, de forma expressa e taxativa, enumera quem possui a competência originária para os feitos de Polícia Judiciária Militar.

Polícia Judiciária Militar é uma das atribuições das Forças Militares (Marinha, Exército, Aeronáutica e forças auxiliares – Polícias Militares e Corpos de Bombeiros Militares) sendo seu exercício a única hipótese legal em que é possível a investigação criminal por parte desses órgãos.

A atribuição de Polícia Judiciária Militar, diferentemente da polícia administrativa (preventiva), é repressiva na medida em que atua após a ocorrência de um ilícito penal, sendo ainda auxiliar do Poder Judiciário, sobretudo da Justiça Militar. É uma atribuição investigativa.

Nas palavras de Guilherme de Souza Nucci,[26] "o nome *polícia judiciária* tem sentido na medida em que não se cuida de uma atividade policial ostensiva (típica da Polícia Militar para a garantia da segurança nas ruas), mas investigatória, cuja função se volta a colher provas para o órgão acusatório e, na essência, para que o judiciário avalie no futuro".

Segundo a legislação em vigor (CPM e CPPM), a função de Polícia Judiciária Militar é exercida por oficial de serviço. Com o objetivo de otimizar o serviço operacional, especializar e centralizar os procedimentos relativos aos atos de PJM no Estado de São Paulo, por exemplo, foi estruturado o Plantão de Polícia Judiciária Militar. Na região Metropolitana de São Paulo, por exemplo, tais plantões estão estabelecidos nas sedes dos Comandos de Policiamento de Área Metropolitana (grandes subdivisões da região metropolitana). No interior, o sistema é descentralizado tendo em vista as maiores distâncias envolvendo as unidades militares subordinadas aos Comandos de

---

26. Nucci (2005a, p. 123).

Policiamento do Interior (CPI). Nas Forças Armadas, há estrutura específica para tais atribuições e, em alguns casos, até mesmo quadro próprio.[27]

Deve haver uma estrutura capaz de dar suporte aos procedimentos típicos daquela seção, tanto na parte material[28] quanto de recursos humanos.[29] Entendemos que tal estrutura mínima deve ser compatível com as necessidades de uma polícia judiciária bem aparelhada, proporcional a sua importância e relevância.

Nesse sentido, Bento de Faria[30] salienta que "a função policial deve ser desempenhada por pessoas competentes, diligentes, dedicadas e honestas, e, em consequência, a designação dos seus titulares exige o maior escrúpulo na escolha e a completa certeza da idoneidade moral, também porque tal encargo reclama a garantia absoluta da sua autoridade e, senão da independência, pelo menos da autonomia dentro, é obvio, do *regimen* da responsabilidade. As informações que prestar devem ser criadas até prova em contrário".

1.2.1. Exercício das atribuições de Polícia Judiciária Militar

Segundo José Frederico Marques,[31] "a investigação é a atividade estatal da *persecutio criminis* destinada a ação penal. Daí apresentar caráter preparatório e informativo. A investigação não se confunde com a instrução. A investigação é momento pré-processual da *persecutio criminis*. Assim sendo, não integra ela a instância que se instaura tão só com a propositura da ação penal. (...) o inquérito policial é a forma por excelência da investigação".

Continua o autor dizendo que "a polícia judiciária não tem mais que função investigativa. Ela impede que desapareçam as provas do crime e colhe os primeiros elementos informativos da persecução penal, com o objetivo de preparar a ação penal. Estamos, pois, em face de atividade puramente administrativa, que o estado exerce, no interesse da repressão ao crime, como preâm-

---

27. Exercido pelo próprio quadro de oficiais operacionais ou com apoio de Quadro Complementar de Oficias.

28. Meios físicos necessários, como viaturas, sala de reconhecimento, sala de oitiva, sala reservada a testemunhas, equipamento de informática e telecomunicação etc.

29. Equipe especializada, sendo escrivão (graduado), motorista, segurança etc.

30. BENTO DE FARIA, 1942, p. 31 apud SILVA, 2002, p. 39.

31. MARQUES, 2009a, p. 152-3 apud SILVA, 2002, p. 38.

32 | Manual de Polícia Judiciária Militar

bulo da persecução penal. A autoridade policial não é juiz: ela não atua *inter partes*, e sim como parte. Cabe-lhe a tarefa de coligir o que se fizer necessário para a restauração da ordem jurídica violada pelo crime, em função do interesse punitivo do Estado.

De tudo se conclui que a polícia judiciária precisa ser aparelhada para tão alta missão... Reorganizada em bases científicas, e cercada de garantias que afastem das influências e injunções de ordem partidária, a polícia judiciária, que é das peças mais importantes e fundamentais da justiça penal, estará apta para tão alta e difícil tarefa."

1.2.2. Funções

A competência da Polícia Judiciária Militar (PJM) está principalmente relacionada no art. 8º do CPPM.

Em muitos Estados, as funções de polícia judiciária militar são organizadas administrativamente de maneira a permitir pronta atuação. Essa estrutura é estabelecida por meio de sistema de plantão, em que diuturnamente há autoridades originárias para os feitos e equipes especializadas para dar fiel cumprimento as normas do CPPM no que tange as funções afetas a polícia judiciária militar. Assim surgem os "PPJM" (plantões de polícia judiciária militar).

O plantão de polícia judiciária militar (PPJM) tem como função a elaboração dos procedimentos iniciais de registro e apuração de fatos que apontem para o cometimento de crime militar. Tal função está estabelecida no CPPM. De forma atípica ao exercício técnico de polícia judiciária militar, aos integrantes da equipe do PPJM podem ser transferidas outras funções, não prevista na legislação processual penal, que em nada, ou quase nada, se relacionam com sua atividade principal – polícia judiciária. Essas funções, de cunho administrativo, podem ser, principalmente: elaboração de Sindicância, Investigação Preliminar (IP), oitiva de policiais suspeitos do cometimento de transgressões disciplinares etc.

Portanto, no plantão de polícia judiciária militar (PPJM), ou por qualquer outro setor incumbido dessa missão, são produzidos os feitos iniciais como portaria, transmissão de mensagens noticiando a ocorrência dos fatos (a Corregedoria da Polícia Militar, Comandante da OPM etc.), determinação da preservação de local, solicitação de perícias urgentes e inadiáveis, diligências cabíveis, Auto de Prisão em Flagrante Delito pelo cometimento de crime militar etc.

Pode ocorrer a designação de Oficial do PPJM como encarregado de IPM, Sindicância, Investigação Preliminar (IP) etc., fazendo com que seja responsável pela apuração, que é recebida por delegação.

Como prova do problema gerado pela não especialização, decorrente também do exercício de atribuições distintas das relacionadas a polícia judiciária militar, destacamos o comentário do Conselho Nacional de Procuradores--Gerais dos Ministérios Públicos Estaduais e da União (CNPG), publicado no Manual de Controle Externo da atividade policial:[32]

> A alta rotatividade de oficiais e acúmulo de funções faz com que raramente algum oficial chegue a adquirir experiência na função de investigar, deixando a qualidade da investigação totalmente na dependência da sorte de o encarregado ter perfil, conhecimento e tempo para um bom trabalho. A formação é insuficiente para tal exercício. É comum observarmos: má qualidade por parte dos relatórios e das investigações; a necessidade constante de requisição de diligências básicas; a consequente perda da oportunidade em alguns casos; a realização de algumas delas pelo próprio Ministério Público ou com a presença dele, em casos em que isto seria dispensável.

1.2.3. Autoridade de Polícia Judiciária Militar

O art. 7º do CPPM estabelece quem são as autoridades de polícia judiciária militar. Esse rol, taxativo, foi estabelecido pelo legislador visando a regrar sua aplicação às Forças Armadas e é adaptado às Polícias Militares e aos Corpos de Bombeiros Militares, concluindo-se que são autoridades de polícia judiciária militar os comandantes de unidades (art. 7º, "h", do CPPM). São as chamadas autoridades originárias. Repita-se, plenamente aplicáveis as regras originariamente estabelecidas à Marinha, Exército e Aeronáutica, pois, originalmente, o preceito legal foi elaborado visando à estrutura militar federal.

Sua aplicação às Polícias Militares e Corpos de Bombeiros Militares, estaduais ou do Distrito Federal, carece de adaptação ou norma de equiparação pois os cargos e funções não são sempre equivalentes, apesar da semelhança.

---

32. Conselho Nacional dos Procuradores Gerais dos Ministérios Públicos dos Estados e da União (2009, p. 82).

34 | MANUAL DE POLÍCIA JUDICIÁRIA MILITAR

A título exemplificativo, tratando-se da Polícia Militar do Estado de São Paulo, em 2009 foram editadas as *Instruções para o Atendimento de Ocorrência em que haja o cometimento de Infração Penal praticada por Policial Militar*, denominada de I-40-PM, onde há uma interpretação, ou adequação, do art. 7º do CPPM à realidade das Polícias e Corpos de Bombeiros Militares. Tem-se, assim, as seguintes autoridades originárias:

a) Comandante Geral da Polícia Militar;

b) Subcomandante da Polícia Militar;

c) Diretores, Chefes e Comandantes de Unidades. Englobando todos os comandantes de Batalhões, Comandantes de Policiamento de Área, Comandante de Policiamento da Capital, de Choque etc. Refere-se a qualquer outra função de comando regional ou autoridade correspondente.

Essa interpretação também é adotada na maioria dos Estados brasileiros, apenas alterando-se a denominação da função exercida pela autoridade originária conforme o organograma específico adotado.

1.2.4. Delegação

Conforme art. 7º, § 1º, do CPPM, as autoridades de polícia judiciária militar originárias podem delegar suas atribuições a oficiais da ativa, para fins especificados e por tempo limitado, exceto para a confecção do "Termo de Deserção". Nessa hipótese não se admite delegação para o exercício das atribuições de polícia judiciária militar, devendo a própria autoridade originária elaborá-lo.

Delegação do exercício

§ 1º. Obedecidas as normas regulamentares de jurisdição, hierarquia e comando, as atribuições enumeradas neste artigo poderão ser delegadas a oficiais da ativa, para fins especificados e por tempo limitado.

§ 2º. Em se tratando de delegação para instauração de inquérito policial militar, deverá aquela recair em oficial de posto superior ao do indiciado, seja este oficial da ativa, da reserva, remunerada ou não, ou reformado.

§ 3º. Não sendo possível a designação de oficial de posto superior ao do indiciado, poderá ser feita a de oficial do mesmo posto, desde que mais antigo.

§ 4º. Se o indiciado é oficial da reserva ou reformado, não prevalece, para a delegação, a antiguidade de posto.

A delegação deve ser expressa e individualizada para cada ocorrência policial de interesse da justiça militar, podendo ser manifestado por escrito, verbalmente, por rádio, telefone, meio eletrônico, ou outro meio capaz de transmitir tal ato.

Esse oficial, que receber a delegação, estando ou não regime de plantão ou sobreaviso (Supervisão, Comando etc.), torna-se competente para instauração de IPM conforme art. 7º, § 1º, c/c § 2º do CPPM.

Sendo delegada a atribuição de PJM verbalmente ou por outro meio (rádio, telefone etc.), deve o Inquérito Policial Militar ser remetido aquela autoridade para análise pormenorizada.

Nessa última hipótese, a autoridade originária deverá:

a) expressamente confirmar a sua determinação;

b) decidir sobre a conveniência de ser alterado o oficial encarregado, designando outro oficial (distinto do oficial que tomou as primeiras providências);

c) determinar as diligências que julgue imprescindíveis para o completo esclarecimento dos fatos;

Portanto, são verdadeiras "autoridades delegadas" de polícia judiciária militar, tanto o encarregado dos feitos iniciais (comumente, o oficial de plantão de polícia judiciária militar ou outro que tenha tomado as primeiras providências legais cabíveis), quanto o oficial encarregado do Inquérito Policial Militar propriamente dito, que será o responsável pelas diligências no decorrer do procedimento e o relatório final. A atividade de polícia judiciária militar, por delegação, quanto ao primeiro oficial, encerra-se no momento da designação de outro para dar prosseguimento aos feitos. Podem ser ainda encarregados dos procedimentos, sempre por delegação da autoridade originaria o oficial chefe do setor de justiça e disciplina (ou outra denominação que possa dar ao setor responsável pelos procedimentos administrativos disciplinares e de assessoria a autoridade de polícia judiciária nos assuntos relacionados), Comandante de Companhia, Chefe de Divisão, Comandante de Unidade subordinada etc., ou

36 | MANUAL DE POLÍCIA JUDICIÁRIA MILITAR

qualquer outro oficial, mais antigo ou de posto superior ao suposto autor da infração penal militar, conforme expressamente determinado.

A ausência de delegação impede a prática de atos da polícia judiciária militar por qualquer militar,[33] porém, durante o lapso temporal em que se aguarda a delegação, segundo o art. 10, § 2º, do CPPM, essa espera não obsta que o oficial de serviço adote as providências preliminares relativas ao inquérito ou outro feito de PJM. Aliás, é obrigação deste realizar tais diligências, devendo tomar ou determinar que sejam tomadas imediatamente as providências cabíveis, previstas no art. 12, uma vez que tenha conhecimento de infração penal que lhe incumba investigar.

A delegação não necessita seguir outros critérios, além dos impostos pela norma processual (*e. g.*, encarregado superior ou mais antigo que suposto autor etc.). Porém, não há qualquer obstáculo a criação de normas administrativas para regramento das variadas possibilidades. No Estado de São Paulo, há orientação quanto ao critério de delegação de instauração de Inquérito Policial Militar conforme apresentado no quadro 3.

Quadro 3 – Hipótese de ocorrência de crime militar fora do horário de expediente administrativo

SUPOSTO AUTOR DO CRIME MILITAR	OFICIAL (recebe delegação)
praça (Sd, Cb, Sgt, Subten, Asp Of)	oficial de serviço (Ten)
oficial subalterno (2º Ten, 1º Ten)	oficial supervisor regional (Cap)
oficial intermediário (Cap)	oficial superior sobreaviso (Maj, Ten Cel)
oficial superior (Maj, Ten Cel, Cel)	autoridade originária[35]

---

33. Exceto, obviamente, as autoridades originárias que são delegantes e não delegadas.

34. Quadro esquemático baseado na norma da PMESP (I-40-PM, de 2009), já citada anteriormente, a qual indica a "preferência" para a delegação da instauração do IPM.

35. Podendo delegar a outro Oficial, porém sempre dentro dos critérios estabelecidos pelo CPPM, respeitando a hierarquia e antiguidade.

1.2.4.1. Homologação

Após receber os autos iniciais do Inquérito Policial Militar deverá a autoridade originária expressamente confirmar a sua determinação. Essa confirmação é tradicionalmente denominada de homologação dos atos iniciais. Todos os atos formais tomados pelo oficial (autoridade delegada) devem ser encaminhados assim que possível ao comandante (autoridade delegante) para que esse homologue os atos praticados ou não.

Tal homologação faz-se necessária pois, não tendo recebido a delegação por escrito, com delimitação pormenorizada de suas atribuições bem como sem maior conhecimento de detalhes formalizados nas peças iniciais, a autoridade originária pode, ao verificar os feitos (autos do IPM instaurado pelo delegado), e após análise mais detalhada, discordar quanto a instauração de Inquérito Policial Militar.

Tal discordância, no nosso entendimento, só pode ocorrer se for claramente inexistente a infração penal militar, pois, existindo indício de materialidade e autoria relacionados com o cometimento de crime militar, não pode a autoridade originária dispor do IPM.

1.2.4.2. Não homologação

Na hipótese de o comandante não homologar os atos praticados pelo Oficial delegado, os atos praticados e não homologados tornam-se sem efeitos. Baseado nesse entendimento, não há arquivamento de Inquérito Policial Militar por parte do comandante, o que, segundo o art. 24 do CPPM, é competência exclusiva da autoridade judiciária (Justiça Militar Estadual). Ocorre a não confirmação dos atos praticados, tornando-os nulos, o que, consequentemente, gera a inexistência de procedimento, portanto, não há o que ser arquivado, pois é como se nunca tivesse existido.

Comparado com o Inquérito Policial (polícia judiciária – civil) e a relação desse para com a autoridade judiciária, há quem defenda que, a partir do momento que um oficial (que recebeu a delegação) esteja convicto da existência de indícios suficientes de materialidade da infração penal militar, só a autoridade judiciária poderia desconsiderar (arquivar) os atos praticados. Isso, baseado nos princípios *in dubio pro societate* e da indisponibilidade.

38 | Manual de Polícia Judiciária Militar

Ressalta-se o comentário anterior a respeito dos casos em que é notória a inexistência de crime militar, hipótese em que seria cabível, no nosso entendimento, a não homologação.

Tem prevalecido a posição de que enquanto não homologado o IPM, ele pode ser arquivado, independentemente de autorização judicial, pois a homologação é o crime administrativo e hierárquico suficiente para tal análise.[36]

1.2.5. Não delegação

Considerando a hipótese do oficial ("de serviço" ou do PPJM) solicitar a delegação à autoridade originária para elaboração de procedimentos de PJM (IPM), e sendo esta negada, podem ocorrer as seguintes hipóteses:

a) a autoridade originária (art. 7º do CPPM) toma as medidas de PJM pessoalmente, não sendo necessária a delegação e a não aplicabilidade do art. 7º, § 1º.

b) a autoridade originária delega a outro oficial, distinto do PPJM ou oficial de serviço (solicitante da delegação). Nessa hipótese, o oficial deve transmitir todos os dados que possui a respeito dos fatos ao oficial que recebeu a delegação especial para o feito, ficando inteiramente desvinculado dos procedimentos, podendo tão somente servir como apoio ao encarregado ou, no caso de ocorrência envolvendo oficial, como escrivão dos feitos (o que depende de designação formal por parte do encarregado).

c) a autoridade (rol do art. 7º do CPPM) não entende como caso de instauração de nenhum dos procedimentos (IPM, Sindicância etc.). Nesse caso, conforme já analisado anteriormente, não há o que ser elaborado, pois o oficial PPJM não tem competência originária, ficando atrelado a delegação. Há exceções, como o APFD

---

36. Discordamos, isoladamente. Dizer que antes da homologação pode-se, sem autorização judicial, arquivar o procedimento investigatório é dizer que não há Inquérito Policial Militar até a homologação, ou seja, o IPM apenas surge juridicamente após esse crivo administrativo. Isso não é verdade, o IPM instaurado na autorização inicial, momento da delegação da instrução inicial, portanto, existente e válido, podendo ser arquivado apenas após análise do poder judiciário, sob o crivo do Ministério Público, titular da ação penal.

e o caso do encarregado do PPJM entender de maneira contrária e acionar autoridade superior à que negou a delegação. O que nos parece extremo e bastante raro, tendo em vista o sistema de hierarquia e disciplina militar.

1.2.6. Critério de competência

O termo "competência", conforme utilizado no art. 4º, parágrafo único, do CPP, é mais adequado para referirmos a autuação da autoridade de polícia judiciária militar. O termo "jurisdição" está mais ligado a atuação do magistrado. Tal alteração foi introduzida apenas no CPP (1995) e não no CPPM, porém, o entendimento e o uso mais adequado do termo pode ser aplicado no âmbito da PJM.

1.2.6.1. Competência territorial

A competência de policia judiciária militar, em regra, é da autoridade do local do cometimento da infração. Porém, segundo a legislação castrense é adotada a teoria da ubiquidade, na qual poderá ser considerado como lugar da infração aquele em que foram praticados os atos executórios, ou ainda onde se produziu ou deveria produzir o resultado. É o chamado critério *ratione loci*. Aconselha-se, para facilitar a produção de provas, que a autoridade do local do resultado apure os fatos.

Resumindo, utilizando-se das regras do art. 6º do CPM e dos arts. 85 e seguintes do CPPM, a competência do foro militar se dá conforme os seguintes critérios:

a) no lugar em que se desenvolveu a atividade criminosa, no todo ou em parte, e ainda que sob forma de participação;

b) onde se produziu ou deveria produzir-se o resultado;

c) nos crimes omissivos, o fato considera-se praticado no lugar em que deveria realizar-se a ação omitida;

d) sendo impossível a determinação do local da infração, a competência dar-se-á em razão do lugar do serviço do militar, *in tese*, autor da infração (art. 96 do CPPM);

40 | Manual de Polícia Judiciária Militar

e) sendo desconhecido tanto o autor quanto o local da infração penal, a competência será pela regra da prevenção (arts. 94 e 95 do CPPM).

1.2.6.2. Competência em razão das circunstâncias

Devido à configuração dos organogramas das Instituições Militares ser distinta, há uma série de autoridades originárias que podem ser consideradas, num primeiro momento, competentes para os atos de PJM, surgindo assim um aparente conflito de competência. A regra é, portanto, adaptada ao contido no art. 7º do CPPM.

Para solucionar tais conflitos, tem-se por analogia as normas de competência do foro militar (arts. 85 e seguintes do CPPM), bem como em normas institucionais, em regra, os órgãos responsáveis por normatizar o funcionamento dos registros de Polícia Judiciária, normalmente Plantões, tendem a fixar critérios de "competência" adaptando o critério territorial.

A Polícia Militar do Estado de São Paulo, por exemplo, como exceção à regra territorial, adota os critérios[37] de instauração do procedimento de PJM descritos no quadro 4 (ver página 41).

1.2.6.3. Competência em razão da matéria

O principal critério para estabelecer a competência da PJM está relacionada, primeiramente, com a matéria, ou seja, crimes militares. O critério local, circunstância, pessoa etc., só estabelece a autoridade de polícia judiciária militar que deverá ser responsável pelos feitos, enquanto que o critério material estabelece se a competência é de Polícia Judiciária (civil – estadual ou federal) ou Militar.

---

37. Baseados na I-40-PM (Instruções para o Atendimento de Ocorrência em que haja o cometimento de Infração Penal praticada por Policial Militar).

Quadro 4 – Adaptação do critério de competência

AUTOR ENVOLVIDO LOCAL	CONDIÇÃO CIRCUNSTÂNCIA	AUTORIDADE COMPETENTE
Integrantes do Btl PM do local dos fatos	Serviço ou folga	Respectivo Cmt
Integrantes de mais de uma OPM	Serviço ou folga	Cmt CPA ou CPI do local dos fatos
Integrantes do Comando de Policiamento de Choque	Serviço em operações (CDC, Pol Pr Desp) ou eventos com presença maciça de público	Cmt da OPM empregada, ou Cmt Pol Chq
	Demais circunstâncias (serviço ou folga)	Cmt CPA ou CPI do local dos fatos
Integrantes do Corpo de Bombeiros	Serviço	Cmt do Grup de Bomb do envolvido
Integrantes de mais de um Grupamento de Bombeiros[38]	Serviço	Cmt Bomb Metrop (CBM), Cmt Bomb Int (CBI), Cmt Corpo Bombeiro (CCB)
Integrantes de Grupamento de Bombeiros e Unidade não pertencente ao Corpo de Bombeiros[39]	Serviço (relacionado as atividades de Bombeiros)	Cmt GB, Cmt Bomb Metrop (CBM), Cmt Bomb Int (CBI), ou Cmt Corpo Bomb (CCB), conforme o caso

---

38. Conforme I-40-PM, mesmo havendo a participação de integrantes de outras Unidades não pertencentes ao Corpo de Bombeiros, a instauração do procedimento de PJM será realizada na forma indicada, se o crime militar a ser apurado ocorrer em razão da utilização de equipamentos ou técnicas específicas das atividades de Bombeiros.

39. Entendemos que no caso específico da existência de envolvimento de integrantes do Corpo de Bombeiro e Policial Militar de Batalhão de Policiamento, por exemplo, em condição de Serviço desvinculada da atividades de Bombeiros, a atribuição para instauração do IPM é do CPA ou CPI do local dos fatos, tendo em vista a regra geral (envolvimento de integrantes de mais de uma OPM). É cabível, também, o raciocínio de que a autoridade originária hierarquicamente superior aos envolvidos é que teria a atribuição, isso por analogia a regra utilizada na eleição do CPA/CPI, quando se trata de integrantes de várias OPM. Ficamos com a primeira hipótese.

Integrantes do Corpo de Bombeiros (com ou sem envolvimento de outras OPM)	Folga	CPA/CPI do local dos fatos
Integrantes do CPAmb ou CPRv[40]	Serviço	Cmt da Unidade (CPRv ou CPAmb)
Integrantes de mais de um Batalhão de Policiamento Ambiental ou mais de um Btl de Policiamento Rod.	Serviço	Cmt Pol Amb ou Cmt Pol Rod
Intergrantes do CPAmb ou do CPRv	Folga	CPA/CPI do local dos fatos
Integrantes do Grupamento de Radiopatrulha Aérea	Serviço (em decorrência da utilização de aeronaves)	Cmt do GRPAe
	Folga	CPA/CPI do local dos fatos
Integrantes de Órg de Direção ou Apoio	Serviço ou folga	CPA/CPI do local dos fatos
Ocorrências havidas no interior de Unidades[41]	qualquer situação	Cmt OPM instalada no local (exceto se envolver integrante CorregPM)
Atuação de integrante da CorregPM[42]	Serviço	Corregedor PM
	Folga	CPA/CPI do local dos fatos

---

40. A norma da PMESP (I-40-PM) refere-se a "integrantes do Comando de Policiamento...". Numa análise superficial, textual, pode-se concluir que apenas os policiais lotados no Comando (OPM) seriam objeto da regra, porém, analisando todo o contexto da Seção V (arts. 41 a 43), sobretudo os §§ 1º e 2º do art. 41, verifica-se que a regra é aplicável nas hipóteses de envolvimento como suposto autor de crime militar de qualquer PM lotado em qualquer unidade que seja subordinada ao CPRv ou CPAmb.

41. Conforme o art. 49 das I-40-PM, a única exceção ao regramento da instauração de IPM por ocorrência de crime militar no interior de Quartel (unidade militar) é a hipótese de envolver, como autor, integrante da CorregPM. Nesse caso a atribuição de instauração do IPM permanece do Corregedor PM, independentemente do local dos fatos (localização do Quartel).

42. O art. 50 das I-40-PM refere-se a "ocorrência em que haja atuação de integrante da Corregedoria PM em serviço, (...), inclusive, se os indícios mostrarem que a infração penal-militar foi praticada por policial militar de outra Unidade". Portanto, mesmo que haja indícios de que não foi o policial da CorregPM que tenha cometido o crime militar, a instauração de IPM não será por outra autoridade senão o CorregPM.

1.2.7. Controle externo da atividade de Polícia Judiciária Militar

O controle externo da atividade policial caberá ao Ministério Público como função institucional, conforme o art. 129, inciso VII, da Constituição Federal. No Estado de São Paulo, *e. g.*, a Lei Complementar nº 734/1993, que institui a Lei Orgânica do Ministério Público, estabelece, como função institucional, o "controle externo da atividade policial por meio de medidas administrativas e judiciais".

O *Parquet* pode, dentre outras medidas:

a) ter livre ingresso em estabelecimentos policiais ou prisionais;

b) ter acesso a quaisquer documentos relativos à atividade de polícia judiciária;

c) representar à autoridade competente pela adoção de providências para sanar a omissão ou para prevenir ou corrigir ilegalidade ou abuso de poder;

d) requisitar à autoridade competente a abertura de inquérito sobre a omissão ou fato ilícito ocorridos no exercício da atividade policial;

e) receber, imediatamente, comunicação da prisão de qualquer pessoa por parte da autoridade policial estadual, com indicação do lugar onde se encontra o preso e cópia dos documentos comprobatórios da legalidade da prisão.

Diferente não é a norma relacionada ao Ministério Público da União (que compreende o Ministério Público Militar – art. 24 da Lei Complementar nº 75/1993, que dispõe sobre a organização, as atribuições e o estatuto do Ministério Público da União). Em seu art. 117, estabelece que incumbe ao Ministério Público Militar: requisitar diligências investigatórias e a instauração de inquérito policial-militar, podendo acompanhá-los e apresentar provas; e exercer o controle externo da atividade da polícia judiciária militar.

Complementarmente as atribuições estabelecidas pela Lei Orgânica, até 2009 o controle externo da atividade policial pelo Ministério Público, fundada no preceito constitucional e na legislação correlata, era exercido nos termos das normas de serviço estabelecidas por meio do Ato CPJ nº 119/1997 (normas de serviço sobre controle da atividade de polícia judiciária militar).

Após a publicação do Manual de Controle Externo da Atividade Policial, elaborado pelo Conselho Nacional dos Procuradores-Gerais dos Minis-

44 | Manual de Polícia Judiciária Militar

térios Públicos dos Estados e da União, essa substitui a anterior como fonte de consulta geral, porém permanecem as normas que regulam tal controle (normas da Procuradoria Geral de Justiça de cada Estado, ou no âmbito do Ministério Público Militar – compreendido pelo Ministério Público da União).

Ressalta-se que esse controle nada tem a ver com a subordinação hierárquica, mas como forma de fiscalização. Aliás, o termo "externa" deixa clara a inexistência de vínculo hierárquico.

1.2.8. Assistência de membro do Ministério Público

O papel do Ministério Público não se restringe apenas ao de fiscalização ou destinatário do Inquérito Policial Militar, mas também executa a função de assistência ao encarregado do Inquérito, nos moldes do art. 14 do CPPM.

1.3. PROCEDIMENTOS APÓS OCORRÊNCIA DE INTERESSE DO PPJM

A doutrina estabelece basicamente duas formas da notícia do crime chegar ao conhecimento do encarregado dos feitos de polícia judiciária militar:[43]

   a) *direto*: também denominado de *cognição imediata ou informal*, ocorre quando a própria autoridade policial militar descobre o acontecimento *in tese* criminoso de natureza penal militar. Essa informação, diretamente colhida pela autoridade originária,[44] pode ocorrer por qualquer meio: de modo direto, constatando sua ocorrência *in loco*; por meio de registro de Portaria de Inquérito Policial Militar (pendente de homologação); boletim de ocorrência[45] (BOPM – Boletim

---

43. Considerando o exercício das atribuições de polícia judiciária militar de maneira ampla, englobando a autoridade originária o Oficial que receber delegação desta, e qualquer oficial que, mesmo antes de receber qualquer delegação, tem a obrigação de tomar as providências iniciais imediatas.

44. Nessa hipótese, considera-se também o Oficial de Serviço: PPJM, Oficial Operacional (CFP, Supervisores etc.).

45. Interessante a observação constante do *Manual de Polícia Judiciária* (POLÍCIA CIVIL DO ESTADO DE SÃO PAULO, 2006a, p. 37), a respeito do boletim: "(...) ou através de boletim de ocorrência. Esta forma também diz-se informal, porque o boletim não é peça

de Ocorrência Policial Militar ou BOPC – Boletim de Ocorrência da Polícia Civil) etc.

b) indireto: também denominado de *cognição mediata ou formal*, ocorre quando há provocação da atuação da autoridade de polícia judiciária militar por parte da "vítima", ou de terceiros. Entre outras formas, pode ocorrer mediante: notícia direta da vítima, requisição do Ministério Público, autoridade judiciária etc.

Há quem defina ainda a cognição coercitiva, que talvez seja a espécie de *notitia criminis* mais polêmica, sobretudo quanto a classificação. Na divergência quanto a classificação, encontra-se, por exemplo, o Auto de Prisão em Flagrante Delito, considerado na doutrina processual penal comum por alguns, como conhecimento indireto e, por outros, como coercitivo.

Com fundamento semelhante pode-se debater também a classificação, se coercitiva ou indireta, a determinação por instauração de inquérito policial militar, nos moldes do art. 10, "b", do CPPM. Entendemos ser esta uma hipótese da forma coercitiva.

Independentemente da classificação adotada, ao chegar ao conhecimento do Oficial encarregado das providências iniciais de PJM[46] a ocorrência de fatos que, ainda como notícia, tenham relação com o cometimento de infração penal de natureza militar (cometimento de crime militar), deverá tomar certas providências. Estas se desenvolvem mediante uma progressão de colheita de informações e execução de procedimentos necessários ao registro futuro dos feitos de PJM.

Sugerimos a seguinte ordem esquemática de ações do encarregado:

1.3.1. 1ª Fase – Conhecimento do fato

Colher os dados iniciais, buscando verificar o que ocorreu e o contexto apresentado.

---

prevista na legislação processual penal, servindo, apenas, para transcrever a comunicação oral do noticiante na unidade policial". Seguindo essa interpretação, os documentos de índole administrativa (Ofício, Parte, Despacho etc.) também seriam formas de propiciar o conhecimento direto, ou informal, da autoridade policial militar em relação ao cometimento de crime militar ensejando, portanto, a *notitia criminis* e a devida instauração de Inquérito Policial Militar.

46. Of PPJM, Of Ch SJD, CFP, Supervisor Regional, Comandante de Batalhão etc.

46 | MANUAL DE POLÍCIA JUDICIÁRIA MILITAR

1.3.2. 2ª Fase – Procedimentos iniciais e definição da natureza da infração

Fase em que as primeiras providências devem ser tomadas, não sendo, em regra, elaborado nenhum tipo de documento.

São providencias, entre outras:

1) colher os dados de maior importância como local (circunscrição), envolvidos, veículos, armas etc.;

2) determinar as providências mais urgentes, como a preservação de local de crime, apreensão de objetos etc.;

3) arrolar testemunhas, verificar se no local de interesse da PJM há sistema público ou privado de videomonitoramento etc.;

4) colher, informalmente e em separado, as versões dos envolvidos, para formação da convicção pessoal da autoridade de PJM (para posteriormente formalizar – art. 353 do CPPM);

5) fazer o levantamento do maior número de informações e versões possíveis, para a formação da convicção inicial da autoridade de PJM, bem como servir de base para a próxima fase.

Alguns dos atos praticados nessa fase devem ser formalizados na próxima etapa (exemplo: ofício de solicitação de perícia para local de crime, requisição de outras perícias, carro de cadáver etc.)

Nessa fase, durante os levantamentos, o oficial delegado deverá consolidar sua convicção quanto a natureza da ocorrência de tal forma a estar convicto da existência ou não de crime, e, em caso afirmativo, definir a natureza, se militar ou comum.

Em caso negativo, e não sendo fato criminoso, verificar se não se enquadra em uma das hipóteses em que há atribuição anômala do PPJM (sindicância, IP etc.). Estando convicto da ocorrência de infração penal, inicia-se a próxima fase.

1.3.3. 3ª Fase – Definição da autoridade competente e do procedimento a ser adotado

Na fase anterior, convicto de que se trata de crime comum, deverá ser apresentada a ocorrência à autoridade de polícia judiciária, Delegado de Polícia Civil, da área dos fatos.

Se entender que se trata de crime conexo (fato configurado como crime militar e outro fato como crime comum), o ideal é que as providências de polícia judiciária (comum) e Polícia Judiciária Militar sejam tomadas simultaneamente pelas respectivas autoridades.[47]

Quadro 5 – Procedimento após ocorrência de interesse da Polícia Judiciária Militar

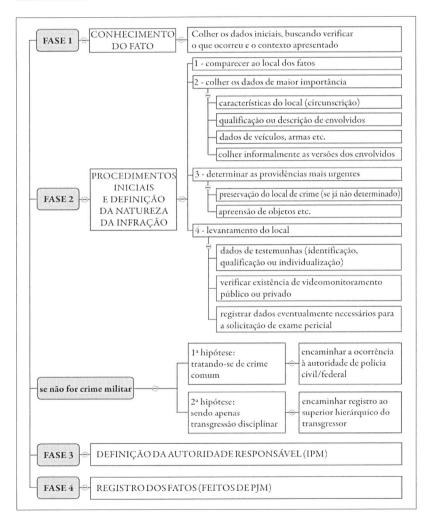

---

47. Na PMESP, a atuação envolvendo ocorrências dessa natureza são reguladas pela Portaria nº 001/130/92, da Corregedoria da PM.

48 | Manual de Polícia Judiciária Militar

Quanto à definição da autoridade de Polícia Judiciária Militar originária competente (para que possa haver a delegação), aconselha-se verificar o tópico anterior em que analisamos o tema.

Automaticamente, ao concluir a natureza da infração, o oficial do PPJM deverá definir o tipo de procedimento de Polícia Judiciária Militar a ser adotado para registro dos fatos, como Inquérito Policial Militar, APFD etc.

1.3.4. 4ª Fase – Registro dos fatos (formalização dos feitos de PJM)

Com a infração já definida como crime militar, o oficial deverá formalizar a maioria dos atos até então praticados, como declarações dos envolvidos, testemunhas, solicitação de perícias, exames etc.

Nessa fase é que se dá a decisão a respeito do cabimento ou não de indiciamento, prisão temporária, recolhimento etc. Sendo o caso de algumas dessas hipóteses, deve o encarregado do procedimento tomar as devidas providências (ouvir o autor em Auto de Qualificação e Interrogatório, indiciando-o formalmente; solicitar decretação de prisão preventiva ao juízo militar competente etc.).

2

Inquérito policial militar

2.1. INTRODUÇÃO E NOÇÕES GERAIS

2.1.1. Introdução

O inquérito policial militar, semelhantemente ao inquérito policial civil, além de ser meio hábil para apuração das infrações penais e da sua autoria (art. 9º do CPPM), ainda serve como instrumento contra acusações levianas na medida em que materializa a investigação criminal, registrando as informações relativas a infração penal, suas circunstâncias e resguardam provas que podem ser utilizadas em juízo. Serve de importante subsídio para o titular da ação penal apresentar a peça que pode dar início ao processo penal militar.[48]

No mesmo sentido, registra Fernando da Costa Tourinho Filho:[49] "o inquérito visa à apuração da existência de infração penal e à respectiva autoria, a fim de que o titular da ação penal disponha de elementos que o autorizem a promovê-la". Segundo o autor, "apurar a infração penal é colher informações a respeito do fato criminoso", e, para tanto, a Polícia, por meio de seu encarregado, "desenvolve laboriosa atividade, ouvindo testemunhas, tomando declarações da vítima, procedendo a exames periciais, nomeadamente os de corpo de delito, exames de instrumentos do crime, determinan-

---

48. "Inquérito Policial Militar" é o instrumento legal destinado ao titular da ação penal, em regra, no caso do Direito Militar, o Ministério Público. Trata-se de "inquérito policial" relacionado a crime militar e de interesse da Justiça Militar, portanto, não se confunde com inquérito no âmbito da Polícia Militar. O IPM é instituto afeto a todas as forças militares federais e auxiliares (dos Estados e do Distrito Federal).

49. TOURINHO FILHO, 2006, p. 65. Segundo o autor, "apurar a autoria significa que a Autoridade Policial deve desenvolver a necessária atividade visando a descobrir, conhecer o verdadeiro autor do fato infringente da norma".

do buscas e apreensões, acareações, reconhecimentos, ouvindo o indiciado, colhendo informações sobre todas as circunstâncias que circunvolveram o fato tido como delituoso, buscando tudo, enfim, que possa influir no esclarecimento do fato".

Importante notar "que o estigma provocado por uma ação penal contra determinado indivíduo pode perdurar durante toda a vida, e por isso, a acusação deve possuir fundamentos fáticos e jurídicos suficientes para ser promovida, o que, em geral, somente se consegue através do Inquérito Policial".[50-51]

Neste mesmo aspecto, destacamos o registro de Guilherme de Souza Nucci:[52] "é importante repetir que sua finalidade precípua é a investigação do crime e a descoberta do seu autor, com o fito de fornecer elementos para o titular da ação penal promovê-la em juízo, seja ele o Ministério Público, seja o particular, conforme o caso. Nota-se, pois, que esse objetivo de investigar e apontar o autor do delito sempre teve por base a segurança da ação da justiça e do próprio acusado, pois, fazendo-se uma instrução prévia, através do inquérito, reúne a polícia judiciária todas as provas preliminares que sejam suficientes para apontar, com relativa firmeza a ocorrência de um delito e o seu autor. O simples ajuizamento da ação penal contra alguém provoca um fardo à pessoa de bem, não podendo, pois, ser ato leviano, desprovido de provas e sem um exame pré-constituído de legalidade. Esse mecanismo auxilia a Justiça Criminal a preservar inocentes de acusações injustas e temerárias, garantindo um juízo inaugural de deliberação, inclusive para verificar se se trata de fato definido como crime".

Os atos de Polícia Judiciária Militar, assim como qualquer ato da Administração Pública, devem ser amplamente pautados na legalidade. Mas a leitura e aplicação rígida, de cunho positivista extremada da norma legal pode não ser o suficiente.

---

50. POLÍCIA CIVIL DO ESTADO DE SÃO PAULO, 2006a, p. 32.

51. No mesmo sentido, Paulo Rangel (2010, p. 75) acrescenta: "O inquérito policial, em verdade, tem uma função garantidora. A investigação tem o nítido caráter de evitar a instauração de uma persecução penal infundada por parte do Ministério Público diante do fundamento do processo penal, que é instrumentalidade e o garantismo penal. O garantismo penal busca evitar o custo para o sujeito passivo (e para o Estado) de um juízo desnecessário".

52. NUCCI, 2005a, p. 121-2.

Em qualquer circunstância e com mais razão, tratando-se de inquérito policial militar,[53] o encarregado das investigações deve posicionar-se de maneira ética, resguardar os direitos individuais de todos os envolvidos e agir dentro do respeito da dignidade da pessoa humana.

A apuração de infração penal militar, nas hipóteses em que a Polícia Militar tem atribuição para atuar,[54] por definição jurídica envolve obrigatoriamente um militar estadual como autor do crime, ou seja, um policial militar no exercício de sua profissão ou atuando em razão dela.[55]

No inquérito há a busca do conjunto de provas[56] e indícios[57] suficientes para que o titular da ação penal possa ingressar em juízo (art. 9º, 2ª parte, do CPPM). As provas colhidas na fase pré-processual devem ser reproduzidas na fase processual, tendo, no inquérito, eficácia probatória limitada interna à fase.

---

53. Ou qualquer outro feito que envolva fato criminoso de natureza penal militar.

54. Crimes militares cometidos por militares estaduais.

55. Sugerimos a releitura dos conceitos básicos de Direito Penal no capítulo inicial desta obra, sobretudo quanto a tipicidade direta e indireta.

56. Utilizamos o termo "prova" por ser usual tanto no meio policial como até mesmo judicial, mas deve-se, desde já, fazer-se a ressalva: "prova" é elemento que tem como condição de existência a observância do contraditório, ainda que diferido. Ainda que produzida na fase inquisitorial (inquérito policial), não sendo possível sua reprodução na fase processual, deve ser mantido o direito de contraditar a prova perante o juízo criminal. Segundo destacou Paulo Rangel (2010, p. 81), fazendo referência a Antônio Magalhães Gomes Filho: "os atos de prova objetivam a introdução de dados probatórios (elementos de prova) no processo, que servem à formulação de um juízo de certeza próprio da sentença; os atos de investigação visam à obtenção de informações que levam a um juízo de probabilidade idôneo a sustentar a *opinio delicti* do órgão da acusação ou de fundamentar a adoção de medidas cautelares pelo juiz". Assim conclui-se que, salvo a produção de prova que, por sua natureza, não pode ser reproduzida na fase processual, os demais elementos que servem para formação da convicção do encarregado do IPM e posteriormente do Ministério Público, não são verdadeiras "provas" mas, a rigor, elementos informativos do inquérito policial.

57. Indícios são "começos de provas. São sinais indicativos da existência ou veracidade de um fato, mas que, por si só, seriam insuficientes para prová-lo. No entanto, somados a outras circunstâncias ou a outros indícios, podem fazê-lo" (GONÇALVES, 2010, p. 391). Nesse contexto, fala-se muito, ainda, das presunções de fatos. Presunções "são pressupostos da existência ou veracidade de um fato, estabelecidas por lei, ou como decorrência da observação do que ocorre normalmente. Havendo presunção, dispensa-se a produção de prova. As decorrentes de lei podem ser relativas ou absolutas, conforme admitam ou não prova em contrário" (GONÇALVES, 2010, p. 392).

Nem por isso deixa de ter valor probatório, ainda que limitado, na medida em que algumas provas colhidas na fase do inquérito tecnicamente não podem ser reproduzidas na fase do processo. Tal valor probatório é relativo, pois os elementos de informação não são colhidos baseados no princípio do contraditório e da ampla defesa.

Segundo Aury Lopes Jr., "podemos afirmar que o inquérito somente gera atos de investigação, com a função endoprocedimental, no sentido de que sua eficácia probatória é limitada, interna à fase. Servem para fundamentar as decisões interlocutórias tomadas no seu curso e para fundamentar a probabilidade do *fumus commissi delicti* que justificará o processe ou o não processo".[58-59]

Ressalta-se que a apuração, em fase de inquérito de crime militar, se dá, obrigatoriamente, por meio de Inquérito Policial Militar, nunca por meio de Investigação Preliminar (IP) ou Sindicância.[60]

2.1.2. Noções gerais

2.1.2.1. Classificação do tipo penal e indicação de excludentes e qualificadoras

Quanto à classificação do tipo penal, segundo Ronaldo João Roth,[61] esta se dá em três momentos, a saber:

---

58. LOPES JR., 2009, p. 299.

59. Quanto aos atos de investigação, que são distintos dos atos de provas (da fase processual), Aury Lopes Jr. afirma que os atos investigatórios tem as seguintes características: "a) não se referem a uma afirmação, mas a uma hipótese; b) estão a serviço da investigação preliminar, isto é, da fase pré-processual e para o cumprimento de seus objetivos; c) servem para formar um juízo de probabilidade, e não de certeza; d) não exigem estrita observância da publicidade, contradição e imediação, pois podem ser restringidas; e) servem para formação da *opinio delicti* do acusador; f) não estão destinados à sentença, mas a demonstrar a probabilidade do *fumus commisi delicti* para justificar o processo; g) também servem de fundamento para decisões interlocutórias de imputação (indiciamento) e adoção de medidas cautelares pessoais, reais ou outras restrições de caráter provisional; h) podem ser praticados pelo Ministério Público ou pela Polícia Judiciária".

60. Com base no CPPM. Nos Estados, em regra, a Administração Militar tem regulado tais normas, ressaltando tal vedação. Exemplificativamente, no Estado de São Paulo, existe norma na PMESP (*Boletim Geral* nº 014/2002) que faz tal alerta.

61. ROTH, 2004, p. 175-81.

1º) "deve vir acompanhando a descrição fática e pormenorizada conhecida na portaria vestibular";

2º) coincide com o ato do indiciamento;

3º) "ocorre quando do encerramento das investigações criminais, no relatório e na solução das autoridades delegada e delegante, respectivamente".

Assim, o encarregado dos feitos de PJM, sobretudo no Inquérito Policial Militar, deve, desde a elaboração da Portaria, classificar o tipo penal, ou seja, indicar qual a tipificação legal antijurídica se está indicando com infringida no procedimento.

2.1.2.2. *Quanto a excludentes*

Na conclusão do Inquérito, por meio de relatório pormenorizado, o Encarregado deverá indicar a existência, ou não, de crime militar, mencionando os elementos constituintes do crime, quanto a subsunção do fato real a hipótese legal, a antijuridicidade e culpabilidade.

Além da tipificação, deve indicar, se houver, excludente de algum elemento do crime (antijuridicidade/culpabilidade), podendo, assim, haver indícios de prática de fato típico, mas não necessariamente de crime, lembrando que na teoria adotada pelo CPM é a tripartida, ou seja, o crime é definido como fato típico, antijurídico e culpável. Segundo alerta Cícero Robson Coimbra Neves,[62] tal registro pode ocorrer durante o Inquérito Policial Militar, antes mesmo da lavratura do relatório, "por exemplo, no momento da decisão pelo indiciamento ou não do acusado".

2.1.2.3. *Quanto às qualificadoras*

Em se verificando sua ocorrência, pode ser indicada, pois tem o mesmo condão da indicação do tipo penal. Exemplificativamente, pode-se indicar a qualificadora do furto, o que se coaduna com a solicitação de perícia para o local onde ocorreu o rompimento de obstáculo (art. 240, § 6º, inciso I, do CPM).

---

62. NEVES, 2012.

54 | Manual de Polícia Judiciária Militar

2.1.2.4. *Autoridade natural*

Não vige princípio semelhante ao do juiz natural. Não há princípio da autoridade de polícia judiciária natural, semelhantemente ao que ocorre com o delegado de polícia. Parte da doutrina entende que o inquérito policial é peça de informação ou de esclarecimento a respeito de fatos *in tese* criminosos, cujos vícios não contaminam a ação penal.

2.1.2.5. *Natureza jurídica*

Tem caráter de instrução provisória (conforme art. 9º, *caput*, do CPPM). Há certa divergência a respeito da natureza jurídica do Inquérito Policial. Pessoalmente, adotamos a de que é instrução criminal extrajudicial, na qual há atos administrativos e a possibilidade de judiciais. Há quem defenda sua natureza de "procedimento administrativo".

2.2. CARACTERÍSTICAS

2.2.1. Procedimento escrito

Todas as peças do inquérito devem ser reduzidas a escrito ou datilografadas e rubricadas pela autoridade (igualmente no Inquérito Policial Civil – art. 9º do CPP). Os atos produzidos oralmente serão reduzidos a termo.

Entende-se que, sendo necessário, nada impede que outras formas de documentação sejam utilizadas, imprimindo maior fidelidade ao ato ou, se em decorrência das circunstâncias do caso concreto, se fizerem necessárias, como a gravação de som e ou imagem na oitiva dos suspeitos, testemunhas e ofendidos. Isso se dá em analogia ao art. 405, § 1º, do CPP, alterado pela Lei nº 11.719/2008. Segundo aquele Código, "sempre que possível, o registro dos depoimentos do investigado, indiciado, ofendido e testemunhas será feito pelos meios ou recursos de gravação magnética, estenotipia, digital ou técnica similar, inclusive audiovisual, destinada a obter maior fidelidade das informações". Atentando para o fato de que "no caso de registro por meio audiovisual, será encaminhado às partes cópia do registro original, sem necessidade de transcrição".

2.2.2. Sigilo

O encarregado do Inquérito Policial Militar deverá assegurar o sigilo necessário à elucidação do fato ou aquele exigido pelo interesse social (art. 20 do CPP e art. 16 do CPPM).

> Art. 16. O inquérito é sigiloso, mas seu encarregado pode permitir que dele tome conhecimento o advogado do indiciado.

Há limites legais para o sigilo no inquérito. Entre eles, tal sigilo não se estende ao representante do Ministério Público, autoridade judiciária, nem ao advogado, podendo qualquer um desses consultar os autos de inquérito (caso decretado sigilo judicialmente, não poderá acompanhar a realização de atos procedimentais – art. 7º, XIII a XV, e § 1º, da Lei nº 8.906/1994 – Estatuto da Advocacia).

> Lei nº 8.906/1994 – *Dispõe sobre o Estatuto da Advocacia e a Ordem dos Advogados do Brasil (OAB)* (...)
>
> Art. 7º. São direitos do advogado: (...)
>
> XIII – examinar, em qualquer órgão dos Poderes Judiciário e Legislativo, ou da Administração Pública em geral, autos de processos findos ou em andamento, mesmo sem procuração, quando não estejam sujeitos a sigilo, assegurada a obtenção de cópias, podendo tomar apontamentos;
>
> XIV – examinar em qualquer repartição policial, mesmo sem procuração, autos de flagrante e de inquérito, findos ou em andamento, ainda que conclusos à autoridade, podendo copiar peças e tomar apontamentos;
>
> XV – ter vista dos processos judiciais ou administrativos de qualquer natureza, em cartório ou na repartição competente, ou retirá-los pelos prazos legais;
>
> § 1º. Não se aplica o disposto nos incisos XV e XVI:
>
> 1) aos processos sob regime de segredo de justiça;
>
> 2) quando existirem nos autos documentos originais de difícil restauração ou ocorrer circunstância relevante que justifique a permanência dos autos no cartório, secretaria ou repartição, reconhecida pela autoridade em despacho motivado, proferido de ofício, mediante representação ou a requerimento da parte interessada;
>
> 3) até o encerramento do processo, ao advogado que houver deixado de devolver os respectivos autos no prazo legal, e só o fizer depois de intimado.

Pacificando controvérsias existentes, tendentes a negar direitos estabelecidos no Estatuto da OAB, e encerrando a conveniência arbitrária do sigilo,[63] o Supremo Tribunal Federal editou a súmula vinculante nº 14:

> É direito do defensor, no interesse do representado, ter acesso amplo aos elementos de prova que, já documentados em procedimento investigatório realizado por órgão com competência de polícia judiciária, digam respeito ao exercício do direito de defesa.

2.2.3. Cópias reprográficas

A cópia reprográfica de qualquer feito processual ou na fase de inquérito policial militar acarreta um custo. Tratando-se de órgão público, cabe ao interessado que tenha direito ao acesso a tais documentos e interesse em sua cópia arcar com o valor correspondente a esse custo, que em regra não pode ser absorvido pelo erário. Para tanto, cada Estado, ou órgão desse, estabelece regras referentes a cópia de procedimentos. O tema, aparentemente de pouca importância, adquire contornos relevantes quando a necessidade de custeio de cópias é utilizada como meio de dificultar o acesso a tal medida.

Exemplificativamente no Estado de São Paulo, a matéria que trata do fornecimento de cópias reprográficas de processos e procedimentos é disciplina pela Administração Pública Estadual. Após Parecer CJ/PM-410/00 (Consultoria Jurídica), estabeleceu-se que o fornecimento de cópias de processos não pode ser realizado sem o prévio pagamento das taxas correspondentes, até que suprida a omissão legislativa referente as Leis nº 7.115/1983 e nº 7.510/1986 (assistência judiciária gratuita) e isenção de taxas da Lei Estadual nº 7.645/1991.

Na prática profissional, ao defensor é autorizado "carga" da cópia do procedimento para reprodução fora da repartição pública (quartel) para posterior devolução.

---

63. Segundo Nestor Távora e Rosmar Rodrigues Alencar (2012, p. 107): "havendo arbítrio por parte da autoridade, admite-se o manejo do mandado de segurança, da reclamação constitucional ao STF (para fazer valer o mandamento da súmula vinculante) e até mesmo *habeas corpus*, caso se possa constatar, mesmo que indiretamente, risco de ofensa à liberdade de locomoção do indiciado, sem prejuízo da responsabilidade por abuso de autoridade (Lei nº 4.898/1965)".

2.2.4. Oficialidade

O Inquérito Policial Militar é atividade típica de Estado, executado por órgão oficial, sendo incabível que particular o presida.

2.2.5. Oficiosidade

A atividade da autoridade de polícia judiciária militar independe de qualquer espécie de provocação, sendo que a instauração do inquérito torna-se obrigatória diante da notícia de uma infração penal (art. 5º, inciso I, do CPP e art. 10, "a", do CPPM). Está ligado diretamente com o princípio da legalidade ou obrigatoriedade.

> Art. 10. O inquérito é iniciado mediante portaria:
>
> a) de ofício, pela autoridade militar em cujo âmbito de jurisdição ou comando haja ocorrido a infração penal, atendida a hierarquia do infrator.

Os crimes militares são, em regra, de ação penal pública incondicionada, ou seja, a peça inicial, denominada de denúncia, elaborada pelo membro do Ministério Público, não depende de representação, nos moldes do art. 121 do CPM.[64]

2.2.6. Indisponibilidade

Após sua instauração ou, para alguns, homologação, não pode ser arquivado (arts. 17 do CPP e 24 do CPPM). Tal vedação se dá por tratar-se de matéria de ordem pública.

> Arquivamento de inquérito. Proibição
>
> Art. 24. A autoridade militar não poderá mandar arquivar autos de inquérito, embora conclusivo da inexistência de crime ou de inimputabilidade do indiciado.

---

64. Essa é a regra, porém, segundo o art. 122 do CPM, aplicável no âmbito da Justiça Militar Federal, a ação penal será pública condicionada a requisição na hipótese do cometimento dos crimes previstos nos arts. 136 a 141. Nesses casos dependerá da requisição do Ministério Militar a que o militar estiver subordinado; no caso do art. 141, quando o agente for civil e não houver coautoria militar, a requisição será do Ministério da Justiça.

58 | Manual de Polícia Judiciária Militar

Diante das circunstâncias fáticas, se o encarregado do IPM, regularmente instaurado, entender que não houve crime, nem em tese, deve concluí-lo, não podendo arquivá-lo ou abandoná-lo.

2.2.7. Inquisitivo

O Inquérito Policial Militar, de característica unilateral, é "inquisitivo", significando com isso não ser regido pelos princípios do contraditório e ampla defesa.[65]

Preferimos o termo "unilateral", pois "inquisitivo" pode ter outra conotação,[66] distinta de desobrigação com o contraditório e ampla defesa.

Não se aplica o princípio do contraditório e da ampla defesa, pois esses são aplicáveis apenas na fase processual, onde há uma acusação, o que inexiste na fase do inquérito (no Inquérito Policial Militar há averiguado, suspeito ou indiciado, inexiste acusado).[67]

O preceito constitucional do art. 5º, inciso LV, da CF, assegura o contraditório e ampla defesa somente em *processo judicial* ou *administrativo*, portanto não estende tais princípios ao Inquérito Policial.

---

65. MACHADO; JUNQUEIRA; FULLER, 2004, p. 21.

66. Há quem defenda, com razão, a distinção entre a origem da denominação para a fase investigativa da Persecução Penal, "*inquisitio*", e o termo "inquisitivo" usado como sinônimo de Inquérito Policial ou "procedimento inquisitivo".

67. Segundo observa Nestor Távora e Rosmar Rodrigues Alencar (2012, p. 108): "na fase pré-processual não existem partes, apenas uma autoridade investigando e o suposto autor da infração normalmente na condição de indiciado". A ausência de contraditório no curso do inquérito policial não se confunde com ausência ou restrição de direitos fundamentais do indiciado. Segundo os citados autores "tem-se que assegurar ao indiciado não só a assistência de advogado, como direito fundamental, mas também a realização efetiva da defesa necessária no próprio inquérito, além da produção de elementos que terão força probatória ao longo da persecução penal, seja para convencer o magistrado que a inicial acusatória deve ser rejeitada, seja para lastrear *habeas corpus* trancativo do próprio inquérito" (*op. cit.*, p. 109). Completam, ainda: "Atenuar o contraditório e o direito de defesa na fase preliminar, por suas próprias características, não pode significar integral eliminação. O inquérito deve funcionar como procedimento de filtro, viabilizando a deflagração do processo quando exista justa causa, mas também contribuindo para que pessoas nitidamente inocentes não sejam processadas".

Mesmo se adotada a posição doutrinária de que o Inquérito Policial é "mero" procedimento administrativo, mantêm-se o caráter inquisitivo, pois a Carta Magna estabelece as garantias citadas ao "processo administrativo" e não ao "procedimento".

Dessa característica decorre a discricionariedade da autoridade policial (encarregada do IPM) para deferir e realizar as diligências requeridas pelo ofendido ou pelo indiciado (ou seus respectivos representantes legais – advogados), ou indeferi-las. Ressalta-se que alguns doutrinadores entendem que há uma atenuação do contraditório, não sua exclusão completa, pois conforme apresentado, pode o encarregado acolher pedido do advogado do indiciado, para colheita de provas ou requisição de perícias ou diligências de interesse da apuração isenta e regular do fato objeto de investigação.

2.2.8. Finalidade

Segundo o art. 9º do CPPM (semelhante ao art. 4º do CPP), o inquérito policial presta-se a apurar infrações penais e sua autoria para subsidiar o oferecimento da peça inaugural da ação penal por seu titular (em regra no Direito Militar, membro do Ministério Público).

Existem outros objetivos ou finalidades no exercício da Polícia Judiciária Militar que se relacionam direta ou indiretamente com a função de apuração de infrações penais e sua autoria, entre eles:

a) representação pela decretação de prisão preventiva ou temporária, busca e apreensão etc.;

b) cumprir os mandados de prisão expedidos pela Justiça Militar bem como realizar as diligências requisitadas.

2.3. OBSERVAÇÕES IMPORTANTES

2.3.1. Vícios

Possuindo o Inquérito Policial Militar caráter de instrução provisória (art. 9º, *caput*, do CPPM), informativo, destinado ao titular da ação pe-

60 | MANUAL DE POLÍCIA JUDICIÁRIA MILITAR

nal,[68] na hipótese de ocorrer vícios na fase inquisitorial não acarretará nenhuma nulidade processual futura, ou seja, não alcança a próxima fase da persecução penal, o processo judicial propriamente dito (ou ação penal). As irregularidades podem acarretar a ineficácia ou invalidade do ato, mas não do Inquérito.

2.3.2. Incomunicabilidade

Segundo o art. 17 do CPPM (art. 21, parágrafo único, do CPP) é possível a incomunicabilidade do preso por até 3 (três) dias, sendo decretada pelo juiz, a requerimento do encarregado do Inquérito ou do membro do MP.

Segundo interpretação do art. 136, § 3º, IV, c/c art. 5º, incisos LXII e LXIII, ambos da Constituição Federal entende-se que a incomunicabilidade do indiciado não foi recepcionada pela Carta Magna.

Mesmo para quem defende a permanência desse instituto, não há dúvidas quanto aos advogados: com relação a esses, não há incomunicabilidade, devendo ser respeitadas as prerrogativas do advogado (art. 7º, inciso III, do Estatuto da Advocacia).

2.3.3. Atuação do advogado

Segundo a súmula vinculante nº 14 do Supremo Tribunal Federal, publicada em 9.2.2009:

É direito do defensor, no interesse do representado, ter acesso amplo aos elementos de prova que, já documentados em procedimento investigatório realizado por órgão com competência de polícia judiciária, digam respeito ao exercício do direito de defesa.

Assim, harmonizando os conceitos e ditames do art. 16 do CPPM (art. 20 do CPP), a Súmula Vinculante nº 14 do STF e o Estatuto da Advocacia, concluímos que qualquer ato de investigação criminal pode ser ungido

---

68. Há certa divergência a respeito da natureza jurídica do Inquérito Policial. Pessoalmente, adotamos a de que é instrução criminal extrajudicial, na qual há atos administrativos e possibilidades judiciais. Há quem defenda sua natureza de "procedimento administrativo".

de sigilo que alcance ao defensor (advogado). Porém, tal sigilo somente se justifica quando o acesso prejudicar elementos de informação ou investigação ainda não juntados aos autos.

O que tange aos atos de instrução já documentados, ou seja, já juntados aos autos por meio de "Termo de Juntada", pode o defensor, se assim o desejar, ter acesso amplo a esses elementos decorrentes da investigação.

Mesmo o Inquérito Policial Militar sendo de natureza inquisitorial, sem contraditório ou ampla defesa, o acesso, por parte do defensor, às informações constantes dos autos é direito desse e não concessão do Encarregado do Inquérito Policial Militar.

Quanto a relação inquisitorial e a atuação do advogado, segundo José Geraldo da Silva,[69] "o inquérito policial possui um caráter inquisitório, pois, não obstante seja facultado ao indiciado assistência de um advogado, este não fará a defesa de seu cliente na fase investigatória, pois inexiste o princípio do contraditório na fase de inquérito policial, muito embora lhe seja permitido indicar testemunhas ou solicitar certas diligências".

Lembramos que o descumprimento por si só da súmula vinculante acarretará reclamação ao STF, que anulará o ato administrativo, porém, medidas mais graves podem decorrer do descumprimento de tal norma, pois ela está inserida no contexto do Estado Democrático de Direito, decorre de interpretação e aplicação de direitos estabelecidos no Estatuto da Advocacia, além de poder, *in tese*, configurar transgressão disciplinar.[70]

2.3.4. Contraditório no Inquérito Policial Militar

Conforme Ismar Estulano Garcia,[71] "O inquérito não é processo, constituindo-se simplesmente num procedimento administrativo. Como não poderia deixar de ser, seu caráter é inquisitivo, tendo o presidente do in-

---

69. SILVA, 2002, p. 23.

70. Há quem defenda a configuração de "abuso de autoridade", porém, entendemos que deve ser analisado o caso prático para chegar a conclusão de abuso, mas não nos parece impossível a hipótese.

71. GARCIA, 1987, p. 8 apud SILVA, 2002, p. 23.

62 | MANUAL DE POLÍCIA JUDICIÁRIA MILITAR

quérito poderes discricionários (limitados pelo direito), mas não arbitrários, para conduzir as investigações".

2.3.5. Dispensa do inquérito

Atrelado à sua natureza jurídica, destaca-se a posição de alguns doutrinadores quanto a "dispensabilidade" do inquérito policial, estabelecendo tal circunstância como uma característica do mesmo. Segundo essa abordagem, o inquérito não é imprescindível para a propositura da ação penal. "Se os elementos que venham lastrear a inicial acusatória forem colhidos de outra forma, não se exige a instauração do inquérito. Contudo, se o inquérito policial for a base para a propositura da ação, este vai acompanhar a inicial acusatória apresentada (art. 12 do CPP)." Tal afirmação, baseada no CPP, é perfeitamente aplicável ao CPPM.

A "dispensabilidade" está prevista no art. 28 do CPPM:

Art. 28. O inquérito poderá ser dispensado, sem prejuízo de diligência requisitada pelo Ministério Público:

a) quando o fato e sua autoria já estiverem esclarecidos por documentos ou outras provas materiais;

b) nos crimes contra a honra, quando decorrerem de escrito ou publicação, cujo autor esteja identificado;

c) nos crimes previstos nos arts. 341 e 349 do Código Penal Militar.

A título de observação, normalmente as diligências requeridas, ou solicitadas – conforme o entendimento doutrinário adotado, são denominadas de "cotas".

Os autos de inquéritos, em regra, não podem ser devolvidos à autoridade policial militar, a não ser para cumprimento das mencionadas "cotas". Tratam-se de exceções, cujas hipóteses estão estabelecidas no art. 26 do CPPM, sendo: mediante requisição do Ministério Público, para diligências por ele consideradas imprescindíveis ao oferecimento da denúncia; por determinação do juiz, antes da denúncia, para o preenchimento de formalidades previstas neste Código, ou para complemento de prova que julgue necessária. Em qualquer dos casos, o juiz marcará prazo, não excedente de vinte dias, para a restituição dos autos.

2.3.6. Arquivamento

Conforme art. 24 do CPPM, a autoridade militar não poderá arquivar autos de inquérito, embora conclusivo da inexistência de crime ou de inimputabilidade do indiciado. Tal arquivamento somente poderá dar-se por despacho da autoridade judiciária competente, ouvido o Ministério Público.

2.3.7. Conexão e continência no contexto de Inquérito Policial Militar[72]

A lei processual disciplina as hipóteses de unidade de processos, especificamente nos arts. 85 e seguintes do CPPM, mas não faz qualquer referência ao inquérito policial. O conceito de "competência" jurisdicional é distinta da distribuição territorial horizontal ou vertical das atribuições administrativamente estabelecidas para o exercício da autoridade de polícia judiciária militar.

Inquéritos instaurados por diferentes autoridades de polícia judiciária podem prosseguir normalmente o seu curso, sem obrigatoriedade de junção ainda que desde o início vislumbre-se que na fase judicial haja conexão ou continência.

Porém, visando à eficiência na atuação de polícia judiciária, economia de recursos humanos e materiais públicos, e principalmente buscando maior efetividade ao esclarecimento da autoria e materialidade do delito, é aconselhável providenciar a união sob a responsabilidade de uma só autoridade de polícia judiciária das investigações em curso.

Semelhantemente ao arquivamento, essa "união" de inquéritos deve contar com a autorização judicial, ouvindo-se antes o Ministério Público.[73]

---

72. Segundo Guilherme de Souza Nucci (2005a, p. 285), conexão "é a vinculação dos crimes diante do modo pelo qual foram cometidos, bem como do lugar e do tempo, levando à reunião dos processos que os apuram em um só juízo, tanto por economia processual na colheita da prova como para evitar decisões conflitantes"; continência "é a relação de conteúdo detectada entre crimes, seja porque há vários agentes cometendo um só infração (concurso de pessoas), seja porque existe um só fato, que congrega dois ou mais resultados (concurso formal), levando à reunião dos processos que apuram tais delitos (ou fatos), para que exista uma solução uniforme, evitando-se o risco de decisões conflitantes e em desacordo com as normas penais".

73. Nesse sentido, ver Nucci (2005a, p. 281).

2.3.8. Ocorrências simultâneas

Em qualquer hipótese,[74] e com maior razão na hipótese de ocorrências simultâneas, de atribuição do PPJM da mesma área, o oficial operacional da área do fato, ou quem a autoridade originária determinar, deverá adotar as providências preliminares necessárias, independentemente de delegação. Ou seja, deve tomar as providências de Polícia Judiciária Militar, na conformidade do art. 10, § 2º, c/c arts. 12 e 13, todos do CPPM. Entre elas, ao verificar a ocorrência de infração penal-militar deverá:

a) providenciar a preservação do local, adotando as medidas para que não se alterem o estado e a situação das coisas, se houver indícios a serem colhidos por exame pericial;

b) apreender os instrumentos e todos os objetos que tenham relação com o fato;

c) efetuar, se for o caso, a prisão em flagrante delito do policial militar acusado do cometimento da infração penal militar, se tal medida ainda não tiver sido realizada por outra pessoa;

d) arrolar as testemunhas, vítimas e quaisquer outras pessoas que tenham relação com os fatos, apresentando-as ao oficial que irá realizar os registros (autoridade originária ou oficial delegado);

e) colher todas as provas que sirvam para o esclarecimento do fato e suas circunstâncias.

2.3.9. Prazos

No processo penal brasileiro há prazos distintos de encerramento de inquéritos, conforme a diversidade de leis penais e procedimentos especiais. Entre elas citamos a Lei Antitóxicos (Lei nº 11.343/2006), Lei de Crimes Contra a Economia Popular (Lei nº 1.521/1951) etc.

O CPPM estabelece como prazo para conclusão e remessa dos autos do Inquérito Policial Militar, 20 dias, no caso de réu preso, e 40 dias, para réu

---

74. No Estado de São Paulo tal regra está disciplinada no art. 23 das I-40-PM.

solto. No caso deste último prazo poderá ser prorrogado por mais 20 dias, conforme art. 20, § 1º, do CPPM.

Na prática, não estando concluída todas as diligências necessárias, normalmente resultado de perícias, precatórias etc., deve o encarregado do Inquérito Policial Militar, dentro do prazo legal, relatar e remeter ao juízo competente[75] (art. 20, § 2º, do CPPM). Aconselha-se que ao final do relatório sejam consignadas as diligências faltantes,[76] e a necessidade, se assim entender a autoridade judiciária e o Ministério Público, de retorno em forma de "cota ministerial"[77] para que aquelas sejam cumpridas. Ressalta-se que mesmo ainda não concluídas as diligências básicas, deve ser remetido os autos originais impreterivelmente dentro do prazo legal.

Na oportunidade da remessa dos autos (em decorrência do fim do prazo legal – art. 20 do CPPM), devem seguir à Justiça Militar, anexos aos autos, os instrumentos utilizados para a prática da infração penal-militar ou outros objetos que interessam à sua prova.

Em São Paulo, *e. g.*, se houver a apreensão de substâncias entorpecentes ou que determinem dependência física ou psíquica ou medicamentos que as contenham, bem como substâncias químicas, tóxicas, inflamáveis, explosivas e assemelhadas, deverá ser observado o disposto no Provimento nº 02/2002-CG, do TJM/SP.

Em resumo, tais substâncias não serão recebidas pelos ofícios da justiça militar, devendo permanecer em depósito junto à autoridade policial militar que preside (ou presidiu) o inquérito policial militar, ou nas dependências do órgão encarregado de efetivar o exame cabível. Tão logo seja possível, deverá ser providenciada a autorização judicial para encaminhar à destruição as citadas substâncias, e sendo a apreensão em grande quantidade, deverá a autoridade policial militar provocar o juiz da auditoria do processo ou, na sua falta, o juiz corregedor permanente da polícia judiciária militar, para o fim de obter imediata autorização para sua destruição, reservando-se quantidade razoável para o imprescindível exame e contraprova.

---

75. Juiz de Direito Distribuidor da Justiça Militar.

76. TOURINHO FILHO, 2008, p. 10.

77. O conjunto dessas diligências são normalmente denominadas de "cota ministerial", que nada mais é que a indicação das diligências que o *Parquet* entende necessárias para a formação de sua convicção a respeito dos fatos apresentados nos autos do Inquérito Policial Militar.

66 | MANUAL DE POLÍCIA JUDICIÁRIA MILITAR

2.3.10. IPM frente à repercussão do fato na mídia

Como bem salientou Rogério Greco,[78] "a autoridade que preside o inquérito policial deve, acima de tudo, agir com isenção, não se deixando influenciar, principalmente, pela mídia. Todos conhecem os efeitos nefastos que a imprensa pode produzir. Hoje, mais do que o Poder Judiciário, a imprensa, formadora de opinião pública, absolve ou condena. Se o réu cair nas graças da imprensa, tudo será feito por ela para que seja absolvido; ao contrário, se a imprensa concentrar seus esforços contra ele, possivelmente será condenado.

A polícia, seja ela civil ou militar, está muito vulnerável à opinião da imprensa. Temos visto uma propaganda negativa contra essa instituição que presta serviços relevantes e indispensáveis à manutenção da sociedade.

Quando um policial, supostamente, pratica um crime, a mídia se movimenta rapidamente no sentido de condená-lo. Não se dá, sequer, o direito de defesa. Basta que um policial tenha atirado em alguém, por exemplo, para já acusá-lo de homicida etc.

Assim, o inquérito policial, seja ele civil ou militar, será um instrumento de grande importância para a busca da verdade, uma vez que as provas são colhidas próximas à ocorrência do delito, o que faz que os fatos estejam ainda vivos na lembrança das testemunhas, que provas periciais possam ser realizadas, que a vítima, quando puder, possa ser ouvida com a lembrança nítida do que ocorreu, enfim, mais do que a própria instrução em juízo, o inquérito policial, mesmo possuindo uma natureza inquisitória, ou seja, mesmo não permitindo, como regra, o contraditório das provas nele apresentadas, ainda é um dos instrumentos mais importantes de que se vale o Estado na busca da verdade dos fatos."

A mídia pode, infelizmente, influenciar o inquérito policial e o próprio processo penal e julgamento final. Exemplos típicos são o pedido de prisão preventiva motivado pela pressão midiática, e a condenação junto ao tribunal do júri por ter a cobertura jornalística sem isenção influenciado na decisão do júri.

Assim, o encarregado do IPM deve ter extrema cautela e isenção profissional e moral para dirigir as investigações de maneira a não se deixar influenciar e não contaminar o inquérito. Obviamente, como dito anterior-

---

78. GRECO, 2009, p. 59-60.

mente, o inquérito não comporta vícios, não podendo ser nulo, porém, isso não autoriza uma instrução dirigida para a futura condenação do suposto autor exclusivamente em decorrência da vontade, apelo ou pressão, de terceiros. É importante que se frise, terceiros aqui comporta inclusive o próprio Governo, Poder Executivo, na pessoa de qualquer um de seus representantes, desde o mais elevado cargo ou função até o superior imediato ao encarregado.

Para melhor compreensão da relação existente entre Administração Pública e Governo, e consequentemente, na atuação da polícia judiciária, destacamos comentários de Álvaro Lazzarini,[79] segundo o qual: "Os órgãos da Administração Pública, em verdade, por não terem atribuição de comando político do Estado operacionalizam as decisões políticas, inclusive traduzindo para a realidade do caso concreto o comando das decisões dos órgãos políticos do Estado".

Nesse ponto surge algo que merece destaque pelo autor, para a compreensão da atividade administrativa, dos órgãos da Administração, ou seja, a ação administrativa, por ser efetivamente subordinada à ação governamental, obriga o agente administrativo a cumprir a decisão governamental.

Ainda segundo Lazzarini "o agente administrativo, deve-se reconhecer, pode ser hostil a determinada medida de que foi incumbido pelo Governo, podendo, até mesmo, ter razão nessa sua hostilidade. O que, porém, ele não pode é deixar de cumprir a vontade dos órgãos de governo, como adverte Afonso Arinos de Melo Franco. É um equívoco dizer-se que o Governo é atividade só exercida pelo Chefe do Poder Executivo e seus auxiliares imediatos. O Governo do Estado, em verdade, é exercido pelos três Poderes da Soberania Nacional, isto é, pelos Poderes Legislativo, Executivo e Judiciário, aliás como bem proposto por Montesquieu, no seu citado *O Espírito das Leis*."

Lembramos que em momento algum há referência a distorções na investigação por conta dessa relação, nem indica-se a obrigatoriedade do servidor sucumbir aos reclames de terceiros, mídia ou membros do Governo, em detrimento do cumprimento de seu dever legal, estabelecido pelo estrito respeito as normas constitucionais e do Código de Processo Penal Militar (subsidiariamente também do Código de Processo Penal).

Portanto há, sem dúvida, o cumprimento obrigatório pelo encarregado do inquérito policial das medidas da forma que o representante do governo lhe determinar, mas tal atuação limita-se ao respeito da estrita legalidade.

---

79. LAZZARINI, 1996, p. 28.

68 | MANUAL DE POLÍCIA JUDICIÁRIA MILITAR

A isenção na instrução do Inquérito Policial Militar é essencial e deve ser defendida sob pena de macular toda a estrutura persecutória.

2.4. INÍCIO DO INQUÉRITO

O inquérito policial militar é iniciado, segundo o art. 10 do CPPM:

a) de ofício: critério territorial (atendida a hierarquia do infrator);

b) por determinação ou delegação: da autoridade militar superior;

c) em virtude de requisição do MP:

d) por decisão do STM;

e) requerimento da parte ofendida ou seu representante legal;

f) quando, de sindicância, resulte indício da existência de infração penal militar;

2.4.1. Instauração de ofício com base em informações anônimas

Quanto a instauração de ofício, também denominada de *notitia criminis* espontânea, na qual a própria autoridade de polícia judiciária militar toma conhecimento do fato, em tese, delituoso, reportamos o leitor ao item "procedimentos após ocorrência de interesse do PPJM", no qual o tema é abordado mais detalhadamente.

Quanto a origem da notícia ser anônima, transcrevemos a interessante observação de Rogério Greco:[80]

> Se uma suposta notícia de crime, levada a efeito através do disque-denúncia, não tem o condão de fazer com que um inquérito policial seja instaurado, da mesma forma, não será possível a instauração de um inquérito policial militar se, também por intermédio do disque-denúncia, for relatada a prática de uma infração penal de natureza militar.
>
> Nesse caso, deverá ser inaugurada sindicância com a finalidade de colher o mínimo de prova que possibilite a abertura do inquérito policial, conforme assevera a alínea "f" do art. 10 do Código de Processo Penal Militar,

---

80. GRECO, 2009, p. 152-3.

INQUÉRITO POLICIAL MILITAR | 69

quando aduz que o inquérito é iniciado mediante portaria quando, de sindicância feita em âmbito de jurisdição militar, resulte indício de existência de infração penal militar.

Jorge Cesar de Assis, dissertando sobre o tema, preleciona que: "A sindicância é o meio sumário de elucidação de irregularidades no serviço. É ato administrativo. Apesar de a doutrina e a jurisprudência serem pacíficas quanto à inexigibilidade de um procedimento formal para a sindicância, ao nível das Forças Armadas e das polícias militares e corpos de bombeiros militares, ela está devidamente regulamentada e com procedimento próprio a ser obedecido pelos encarregados."

E continua o raciocínio, dizendo que haverá casos: "em que, somente no decorrer dos trabalhos da sindicância, aparecerão indícios do cometimento de crime militar, que inicialmente não existiam. Essa sindicância então, dará azo à instauração do IPM, conforme previsto na letra 'f', deste artigo".

Assim, concluindo, a notícia de um crime militar, levada ao conhecimento da Polícia Judiciária Militar através do disque-denúncia, somente possibilitará a abertura de sindicância, com a finalidade de ser apurada a veracidade dos fatos. Caso sejam comprovados, realmente, indícios da prática de infração penal militar, aí sim poderá ser inaugurado o inquérito policial, da mesma natureza.

Entendemos que a denúncia anônima que noticie o cometimento de crime militar não tem, por si só, o condão de ser elemento suficiente para a instauração de Inquérito Policial Militar, porém, é dever da autoridade de polícia judiciária militar apurar o conteúdo da denúncia.

As normas vigentes proíbem, com razão, a instauração de Investigação Preliminar, Averiguação, Sindicância, ou qualquer outro nome que se possa dar a procedimento de natureza apuratória de cunho exclusivamente administrativo, visando a apurar crime militar. Porém, o caso aqui abordado trata da inexistência de indícios razoáveis ou confiáveis para embasar a instauração de inquérito policial.

Assim, firmamos nosso posicionamento no sentido de não instauração prontamente de IPM, mas a colheita de informações mais confiáveis, e após, sendo o caso, instaurar tal procedimento.[81]

---

81. Nesse sentido, Célio Lobão, citando voto divergente do Min. Antonio de Pádua Ribeiro do STJ (em julgamento que concluiu pela impossibilidade de utilização do anonimato como *notitia criminis*) registra, posicionando-se ao final: "'a vedação do anonimato, pre-

70 | MANUAL DE POLÍCIA JUDICIÁRIA MILITAR

Portanto, não se trata de substituir o IPM por outro meio, mas utilizar este como forma de colher informações mínimas que dêem suporte a instauração daquele.

2.4.2. Instauração e Portaria

A Autoridade de Polícia Judiciária Militar descrita no *caput* do art. 7º do CPPM deverá instaurar a Portaria do Inquérito Policial Militar ou determinar que outro Oficial o faça por delegação, se entender que o caso analisado requer intervenção penal militar.[82]

Assim, pode ocorrer uma das seguintes hipóteses:

2.4.2.1. Instauração por delegação

Na hipótese da própria Autoridade a que se refere o *caput* do art. 7º do CPPM instaurar a portaria, poderá ser neste mesmo ato designado o Oficial Encarregado e o escrivão do Inquérito Policial Militar, ocorrendo delegação para a instrução.

Se houver a delegação para instrução, o oficial que recebeu essa atribuição deverá, nos termos do art. 10, "b", do CPPM instaurar a portaria do IPM, sendo seu encarregado.

Art. 10. O inquérito é iniciado mediante portaria: (...)

b) por determinação ou delegação da autoridade militar superior, que, em caso de urgência, poderá ser feita por via telegráfica ou radiotelefônica e confirmada, posteriormente, por ofício;

---

vista no art. 5º, inciso IV, da CF, não inibe a investigação de fatos criminosos consubstanciados em documentos encaminhados à autoridade policial ou àquela autoridade com poderes de investigação'. Inclinamo-nos pela orientação do voto vencido, desde que, antes da instauração do inquérito, em caráter sigiloso, a autoridade apure a veracidade da delação anônima".

82. A este respeito é esclarecedor o comentário de Neves e Streifinger (2005, p. 15): "aquele que exerce a polícia judiciária, comum ou militar, não possui atribuição funcional para afastar a intervenção penal, exceto em casos gritantes, em que nem sequer haja dúvida sobre o não cometimento de crime. Por outro lado, de acordo com a análise do bem jurídico, a polícia judiciária pode ser exercida de modo menos gravoso, ou seja, com base na análise de lesão a um bem jurídico-penal, será perfeitamente adequada a instauração de inquérito, em vez de autuação em flagrante, favorecendo, assim, o status litertatis, em alinho ao fundamento republicano de respeito à dignidade da pessoa humana, grafado na Constituição Federal.".

Se o ato de delegação for verbal, na primeira oportunidade, a autoridade mencionada no *caput* do art. 7º do CPPM deverá, por ofício (ou despacho), confirmá-la (normalmente por meio de Homologação de Portaria de IPM). Se o ato de delegação for escrito, o oficial encarregado deverá anexar tal documento a Portaria.

Tal delegação refere-se as providências que devem ser tomadas de imediato, ficando a cargo do oficial delegado tomar as medidas suficientes apenas para coletar provas materiais e pessoais que possam ser perdidas, modificadas ou destruídas, devendo as demais diligências e provas menos urgentes serem arroladas para coleta posterior pelo encarregado designado para a instrução. Esse último deverá esgotar todos os meios aceitos no direito para instruir o procedimento apuratório, inclusive relatando ao término do prazo.

Nada impede que o oficial que receba a delegação para instrução da Portaria de IPM, após a homologação pela autoridade originária, também seja designado para a instrução.

2.4.2.2. Instauração sem delegação

A Autoridade, não delegando a instauração e instrução do Inquérito Policial Militar a outro Oficial (subordinado), deverá fazê-lo, devendo tão somente designar escrivão para o feito.

2.4.2.3. Instauração por determinação

Conforme preceitua o CPPM, a instauração de Inquérito Policial Militar pode ocorrer de ofício, instaurado diretamente pela autoridade militar, ou por "determinação" ou "delegação" da autoridade militar superior, nos termos do art. 10, "b", do CPPM.

Vale lembrar que a instauração pode ocorrer por determinação, hipótese em que o superior hierárquico determina ao Oficial subordinado que instaure o devido IPM, independentemente da convicção do Oficial delegado.

A *instauração por determinação* não é comum junto à polícia judiciária (civil), pois, em regra, havendo convicção da autoridade superior, instaura-se, de ofício, ou "avoca" a instauração ou instrução, não impondo sua convicção a outra autoridade.

No Direito Processual Penal Militar não há que se falar em "imposição" da convicção do superior ou qualquer outra questão ética, pois a própria lei processual (CPPM) assim estabelece. Assim entendemos que a determinação da autoridade militar superior para instauração de inquérito policial militar transforma o Oficial delegado em verdadeiro *longa manus* da autoridade delegante.

Conforme salienta Eliezer Pereira Martins[83] "tal determinação ou delegação deverá ser cumprida pela autoridade subordinada, mesmo que não concorde com a instauração por nela não vislumbrar elementos suficientes para as investigações, causa extintiva de punibilidade ou outro fator qualquer obstativo do IPM, mercê do fato de que a disciplina militar não admite reticências.

Discordando a autoridade subordinada da instauração do IPM por qualquer razão que impeça seu andamento, poderá esta autoridade explicitar suas razões no relatório final, opinando pelo arquivamento, com o que se dá cumprimento à ordem emanada da autoridade superior e respeita-se a opinião do encarregado do feito".

2.4.2.4. "Redelegação"

Hipótese do art. 10, § 5º, do CPPM, onde, se no curso do inquérito, o seu encarregado verificar a existência de indícios contra oficial de posto superior ao seu, ou mais antigo, deverá tomar as providências necessárias para que as suas funções sejam delegadas a outro oficial, nos termos do § 2º do art. 7º.

Apesar de o Inquérito Policial não sofrer vício em razão da antiguidade, função ou posto do encarregado ou do investigado, desde que presidida por pessoa com "competência" para tal ato, em decorrência do princípio da hierarquia e disciplina das instituições militares, o CPPM estabelece tal regra, que se ressalta, é estritamente ligada a hierarquia e disciplina e não a questões processuais penais.

---

83. MARTINS; CAPANO, 1996, p. 60.

2.5. ENCARREGADO

Ser encarregado de um Inquérito Policial Militar nada mais é que ser o Oficial responsável pela realização dos atos investigatórios e cartorários, ou seja, a instrução do feito, auxiliado pelo escrivão (quanto aos feitos cartorários), quer originalmente, quer por delegação.

Na hipótese da instauração ter sido realizada por Oficial de Serviço (ver próximo tópico), por delegação da autoridade originária competente, quem for designado como encarregado dará continuidade as diligências já iniciadas, porém, com a orientação da linha de investigação conforme convicção própria.

Sempre que possível, o encarregado do inquérito será oficial de posto não inferior ao de capitão. As atribuições do encarregado estão enumeradas no art. 13 do CPPM, não sendo um rol exaustivo.

2.5.1. Atuação do encarregado

O cometimento de crime militar por militar estadual, por si só, já denota uma situação grave: agente público incumbido da aplicação da lei,[84] em quem a sociedade deposita não apenas a confiança mas a esperança de *servir e proteger*, envolvido no cometimento de fato tão danoso a sociedade que este foi considerado como penalmente relevante. Esse ambiente já obriga uma atuação firme, séria, pautada na busca pela eficiente apuração dos fatos por parte do encarregado dos feitos. Porém, deve também servir de alerta: o desrespeito a condição de inocente (até trânsito em julgado de condenação judicial), a antecipação da condenação por meio da estigmatização do envolvido, a falta de sigilo das investigações ou a publicidade de fatos de interesse exclusivo do inquérito, podem causar sérios danos a imagem, a carreira e ao equilíbrio psicossocial do envolvido. Uma atuação descompromissada com a ética e o respeito ao envolvido pode gerar danos irreparáveis.

---

84. Preferimos, neste ponto, o uso da denominação genérica dada pelas normas de direitos humanos e direito internacional humanitário. O termo é utilizado para englobar os policiais civis e militares, integrantes de forças militares federais, autoridades de polícia civil e militar etc.

74 | Manual de Polícia Judiciária Militar

Esse alerta não se confunde com qualquer referência a uma postura corporativista tendenciosa, apaniguadora de agentes que desviam sua conduta e se afastam completamente da aplicação da lei. Ao contrário, apenas tenta resguardar o encarregado dos feitos, evitando abuso de autoridade, cometimento de dano moral e material, além do abalo funcional no aspecto da conduta ética.

Em síntese, toda e qualquer infração penal militar deve ser imediatamente apurada de forma eficiente, profissional, legalista e firme, sem se curvar ou afastar dos objetivos legais por qualquer pressão ou interesse pessoal ou de terceiros, e também não desviando sua atuação de forma a dar tratamento indigno ao indiciado (suspeito, averiguado etc.).

2.5.2. Suspeição do encarregado de Inquérito Policial Militar

A própria natureza do inquérito policial, de caráter investigatório, pré-processual, não se coaduna com a oposição de exceção de suspeição ao Oficial encarregado. Qualquer suspeição pode ser considerada irregularidade, mas não geram nulidade do IPM. Assim não se poderá opor suspeição ao encarregado do inquérito, mas deverá este declarar-se suspeito quando ocorrer motivo legal, que lhe seja aplicável.

Não existe procedimento previsto no CPPM (nem mesmo no CPP, quanto a autoridade de polícia judiciária civil) para arguir exceção em face da autoridade policial ou a quem foi delegada a instrução dos feitos de polícia judiciária. Nesse sentido, o art. 142 do CPPM estabelece, nos mesmos moldes do art. 105 do CPP, que "não se poderá opor suspeição ao encarregado do inquérito, mas deverá este declarar-se suspeito quando ocorrer motivo legal, que lhe seja aplicável". Entendemos que à tal regra aplica-se, não só a suspeição, mas, também, a hipótese de impedimento.

Nos dizeres de Jorge César de Assis,[85] "todavia, até mesmo por uma questão de ética e bom senso, deve o encarregado declarar-se suspeito à autoridade que o designou (*e nunca ao juiz-auditor*), se ocorrerem motivos que o justifiquem".

---

85. ASSIS, 2006, p. 221.

O mesmo autor cita decisão do STM, que julgamos conveniente reproduzir.

HABEAS CORPUS – IPM – IMPEDIMENTO DE POLÍCIA JUDICIÁRIA MILITAR – DEVIDO PROCESSO LEGAL. Não há se falar em impedimento ou suspeição de autoridade policial. Precedentes do STF. Inconfundíveis o processo administrativo ou o processo administrativo disciplinar com o inquérito policial militar. O processo administrativo é um conjunto de atos coordenados que se destina à solução de controvérsias no âmbito administrativo, e o processo administrativo disciplinar é o meio de apuração e punição de faltas graves dos servidores públicos. Já o inquérito policial militar é o procedimento policial – instrução provisória, preparatória, informativa – destinada à coleta de elementos que permitam ao MPM formar a *opinio delicti* para a propositura da ação penal. Os princípios constitucionais do contraditório e da ampla defesa, que informam os processos judicial e administrativo não incidem sobre o IPM (doutrina e jurisprudência). Ordem denegada por falta de amparo legal. Unânime. (STM – HC 2003.01.033828-4/AM, Rel. Min. José Júlio Pedrosa, j. em 26.8.2003)

2.6. PROVIDÊNCIAS PRELIMINARES

Sendo o Inquérito Policial Militar procedimento apuratório, destaca-se os procedimentos e diligências iniciais relacionadas no art. 12 do CPPM (art. 6º do CPP) que são:

a) dirigir-se ao local dos fatos, providenciando para que se não alterem o estado e a situação das coisas, enquanto necessário;

b) apreender instrumentos e todos os objetos que tenham relação com o fato;[86]

c) efetuar a prisão do infrator, observado o disposto no art. 244;[87]

---

86. Importante lembrar que, quanto à apreensão em decorrência de busca domiciliar, não se aplica automaticamente o art. 12, "b", do CPPM, pois, especificamente a respeito dessa espécie, o CPPM estabelece regras nos arts. 170 e seguintes. Mesmo essas regras devem ser analisadas cuidadosamente, pois a Constituição Federal de 1988 não recepcionou algumas delas, gerando divergência doutrinária. A respeito, ver tópico específico neste Manual.

87. Nesse caso, verificar capítulo a respeito do APFD.

76 | Manual de Polícia Judiciária Militar

d) colher todas as provas que sirvam para o esclarecimento do fato e suas circunstâncias.

Bastante oportuna a lembrança de Eliezer Pereira Martins[88] ao registrar que "o dever de preservação do local é de todas as autoridades, mesmo as não dotadas de poder de polícia judiciária militar, as quais deverão de imediato dar ciência à autoridade militar, as quais deverão arrolar testemunhas e adotar as medidas que as técnicas de criminalística apontam como necessárias para a perpetuação da prova".

No caso de urgência e da possibilidade de prejuízo na coleta de provas em decorrência de sua postergação, durante a instrução do Inquérito Policial Militar, o próprio Oficial que instaurou a Portaria por delegação poderá tomar as providências do art. 13 do CPPM. Entre elas citamos, exemplificativamente, a elaboração de:

a) oitiva do ofendido, testemunhas, indiciado ou averiguado;

b) Auto de Reconhecimento de Pessoas;

c) Auto de Reconhecimento de Coisas;

d) Auto de Acareação;

e) Requisição de Exame de Corpo de Delito;

f) Requisição de Exame residuográfico;

g) Requisição de Exame de Arma (quanto a eficácia da arma);

h) Requisição de Exame de recenticidade;

i) Requisição de Exame de dosagem alcoólica (alcoolemia);

j) Auto de Apreensão etc.

2.7. INDICIAMENTO

O ato de indiciar nada mais é que imputar a alguém a prática do ilícito penal,[89] havendo razoáveis indícios de autoria. Tal imputação, no âmbito do

---

88. MARTINS; CAPANO, 1996, p. 50.

89. Em nosso entender, exige-se, para tanto, prova inequívoca da prática do delito pelo indiciado. Ressalta-se, com Fredie Didier Jr., Paulo Sarno Braga e Rafael Oliveira (2009, p. 488-9), que "prova inequívoca não é aquela que conduza a uma verdade plena, absoluta, real – ideal inatingível (...) –, tampouco a que conduz à melhor verdade possível (a mais próxima da

inquérito policial, tem como consequência a concentração das investigações sobre a pessoa do indiciado.

Segundo José da Silva Loureiro Neto,[90] "indiciado é a denominação dada ao suspeito da prática de um fato típico, objeto de investigações".

CPPM: Art. 382. Indício é a circunstância ou fato conhecido e provado, de que se induz a existência de outra circunstância ou fato, de que não se tem prova.

Segundo Aury Lopes Jr., "a situação de indiciado supõe um maior grau de sujeição à investigação premilinar e aos atos que compõem o inquérito policial. Também representa uma concreção da autoria, que será de grande importância para o exercício da ação penal. Logo, é inegável que o indiciamento produz relevantes consequências jurídicas".[91]

O documento que formaliza o indiciamento é o "Auto de Qualificação e Interrogatória" (AQI), em que o interrogado, que nesse momento passa oficialmente a ser considerado indiciado, não estará obrigado a responder às perguntas que lhe forem feitas em decorrência do direito de permanecer calado (art. 5º, inciso LXIII, da CF). Essa é a prática mais utilizada nos Inquéritos Policiais Militares.

No caso de feitos de Polícia Judiciária Militar, já no início do inquérito pode ocorrer a colheita das declarações do policial militar em "Termo de Declarações" (TD), ou seja, não ser indiciado. Se no decorrer das investigações, após a análise das provas colhidas e dos elementos constantes nos autos, for verificado que sob aquele militar recai os indícios de autoria de crime militar, deverá ser ouvido formalmente por meio de Auto de Qualificação e Interrogatório (AQI), pois esse é o documento correto para oitiva

---

realidade) – o que só é viável após uma cognição exauriente". Trata-se de prova robusta, consistente, que conduza a um juízo de probabilidade. Continua o autor esclarecendo que "prova inequívoca só pode ser entendida como aquela que não é equívoca, e que serve como fundamento para a convicção quanto à probabilidade das alegações", e "não pode ser tomada no sentido de 'prova segura', 'inarredável', capaz de induzir a certeza sobre os fatos alegados". Porém, há ligeira divergência citada pelo autor, como a visão de Barbosa Moreira, que entende que a prova inequívoca é aquela produzida regularmente em contraditório. Diante da especificidade da análise do autor no âmbito do processo civil, registre-se que no presente texto utilizamos no sentido mais lato inicialmente colocado (com Didier Jr.).

90. LOUREIRO NETO, 1999, p. 14.

91. LOPES JR., 2009, p. 315.

78 | Manual de Polícia Judiciária Militar

de indiciado. Tal necessidade se faz presente não por excesso de formalismo, mas por regra constitucional: a Inquirição Sumária, anterior, infringiria os direitos constitucionais do futuro indiciado, pois não foi respeitado o direito de permanecer calado nem o direito de não fazer prova contra si.

Segundo Ronaldo João Roth,[92] com quem concordamos, "encarregado, com base na portaria instauradora do procedimento investigatório, irá ouvir pessoas, juntar documentos, requisitar exames e analisá-los, e se de tudo isso resultar base fática e jurídica, deverá indiciar a pessoa, preferentemente ouvida naquela fase até para não praticar injustiça, fazendo-o, no meu entendimento, de **maneira motivada, portanto, recomendável o despacho indiciatório** como instrumento técnico e seguro do encarregado do IPM a demonstrar ao indiciado, e a todas as pessoas que tomarão conhecimento daquele ato, quais os motivos e qual a convicção que levou aquele operador de direito a rotular a pessoa suspeita à categoria de indiciado, autorizando, assim, as muitas consequências legais que advirão desse ato." (sem destaque no original).

Discute-se o que fazer com o termo já incluso nos autos que não respeitou o citado direito constitucional. Parte da doutrina defende que o documento anterior (IS ou TD) seja desentranhado dos autos, consignando tal fato em despacho fundamentado do Encarregado. Outros, defendem que não é necessário desentranhar, bastando consignar no Despacho.

Adotamos a segunda posição, levando-se em conta ser o Inquérito Policial peça informativa, auxiliar na formação do *opinio delicti* do Membro do *Parquet*. Neste caso é bem vinda a opinião de Ronaldo João Roth ao recomendar o despacho indiciatório de maneira motivada, o que elide qualquer dúvida a respeito e justifica a alteração de Termo de Declarações (TD) ou Inquirição Sumária (IS) para Auto de Qualificação e Interrogatório (AQI).

Com Nestor Távora e Rosmar Rodrigues Alencar, ressalta-se que "não é tecnicamente adequado falar em interrogatório na fase pré-processual. Nesta fase, o indiciado ou o preso em flagrante prestará declarações perante a autoridade policial, em que pese o vício de linguagem ser constante. Interrogatório é o ato realizado perante a autoridade judiciária".[93] Destaca-se a importante observação dos autores por apreço a melhor técnica, porém,

---

92. ROTH, 2004, p. 175-81.

93. TÁVORA; ALENCAR, 2012, p. 418.

mantemos o uso do termo, pois o uso e costume inviabilizam, didaticamente, mantermos nesse momento a precisão. Importante é conhecer a correção.

2.7.1. Indiciamento na hipótese de excludente de ilicitude

Entendemos que, se baseado em elementos constantes dos autos, houver indícios de que o agente agiu amparado por excludente de ilicitude, não deve existir indiciamento no Inquérito Policial Militar, sendo que tal circunstância (não indiciamento) deve ser explicitada pelo Encarregado.

Nesse mesmo sentido, de maneira esclarecedora, Ronaldo João Roth,[94] registra que "não deve existir indiciamento quando o agente agiu amparado pela excludente de ilicitude, circunstância essa que deve vir explicitada pelo encarregado do IPM. Destarte, há de se distinguir suspeito, indiciado e acusado".

2.7.2. Cancelamento do indiciamento

Considerando a própria natureza do Inquérito Policial, anteriormente já debatida, seus atos devem também ser ditados pelos princípios do direito administrativo, mesmo que objetivando fins penais materiais ou processuais.

Assim, se um militar foi indiciado no Inquérito Policial Militar, e posteriormente, ainda no decurso da instrução do inquérito, verificar-se que ocorreu erro de indiciamento, ou que em decorrência de uma investigação mais apurada e aprofundada constatou-se que não mais recai sobre ele (o indiciado) indícios suficientes de imputação da prática de ilícito penal, ou ainda sendo trazidos aos autos elementos indicadores da ocorrência de excludente de ilicitude, deve ocorrer o cancelamento do indiciamento, ou como citado por alguns, o "desindiciamento".

Entendemos que o cancelamento do indiciamento, seguindo o princípio de autotutela da Administração Pública, é cabível, dentro das hipóteses exemplificadas anteriormente, quando da ocorrência de erro no indiciamento (como no indiciamento de pessoa distinta do suspeito de ser o autor).

---

94. ROTH, 2004, p. 179.

80 | Manual de Polícia Judiciária Militar

Já nas hipóteses de não mais repousar sobre o indiciado a mesma convicção de autoria (por novas provas terem afastado os indícios iniciais que contra ele existiam ou a verificação de excludente de ilicitude) é hipótese de "desindiciamento", por meio de revogação do ato de indiciamento anteriormente realizado.

Tema bastante controverso quanto à definição ou classificação, porém, a necessidade de cancelamento do indiciamento (ou "desindiciamento") é clara e em consonância com os princípios garantistas.

2.7.3. Inconformismo do indiciado

Na hipótese de o indiciado não se conformar com sua colocação nessa condição, e considerando-se injustamente indiciado no IPM, poderá impetrar, junto à autoridade judiciária competente, mandado de segurança ou *habeas corpus*, conforme o caso.

2.8. FORMALIDADES DO RITO

Documentos relacionados ao início do IPM (procedimentos de Polícia Judiciária Militar) são registrados, normalmente, na ordem indicada a seguir:[95]

2.8.1. Portaria

Noticia o conhecimento da ocorrência de fato delituoso e a abertura de Inquérito para apuração, devendo constar necessariamente: declaração do conhecimento do fato e a fonte de onde se originou tal conhecimento, relato bastante sucinto do fato, tipo penal, termo de instauração do procedimento, e designação de escrivão (sua ausência acarreta a necessidade de designação em termo próprio).

---

95. O Inquérito é procedimento com menor formalidade do que o processo judicial, até mesmo pela sua natureza jurídica e estreito prazo preestabelecido pelo CPPM, porém, indicamos a ordem dos registros por ser afeta às determinações institucionais, principalmente por questões didáticas, e estar de acordo com a ordem de oitiva do Código de Processo Penal (alterado em 2005 e aplicado ao CPPM por meio de provimento do TJM/SP).

2.8.2. Termo de Compromisso de escrivão

O escrivão deverá prestar compromisso legal de manter sigilo do inquérito e de cumprir fielmente as determinações do CPPM no exercício de sua função (conforme art. 11, parágrafo único, do CPPM).

O descumprimento do sigilo poderá acarretar o cometimento, *in tese*, do crime de violação do sigilo profissional (art. 230 do CPM), desde que a revelação tenha ocorrido sem justa causa e possa resultar dano a outrem.

Violação de segredo profissional

Art. 230. Revelar, sem justa causa, segredo de que tem ciência, em razão de função ou profissão, exercida em local sob administração militar, desde que da revelação possa resultar dano a outrem:

Pena – detenção, de três meses a um ano.

2.8.3. Termos de coletas de provas pessoais

2.8.3.1. Termo de Declarações 1 – TD

Utilizado para colher as declarações da vítima ou ofendido, desde que desobrigado do compromisso de dizer a verdade. Deve ser elaborado conforme estabelece os arts. 311 a 313 do CPPM.

2.8.3.2. Inquirição Sumária – IS

Utilizado para colher declarações de testemunhas compromissadas a dizer a verdade. Conforme art. 19 do CPPM, as testemunhas devem ser ouvidas durante o dia, devendo constar da Inquirição Sumária o horário do início e término do depoimento. A inquirição não poderá ultrapassar quatro (4) horas consecutivas, sem que haja um descanso (art. 19, § 2º, do CPPM).

Em caso de urgência, a testemunha poderá ser ouvida fora do horário previsto em lei, devendo tal ato ter sua motivação formalizada.

82 | Manual de Polícia Judiciária Militar

Tal procedimento, de exceção à regra de proibição de inquirição no período noturno, é frequentemente utilizado nos Plantões de Polícia Judiciária Militar, pois, a própria natureza do Plantão, em alguns casos, pode acarretar tal necessidade. Nessa hipótese deve ser registrado o motivo (ou a motivação) da oitiva fora do horário do CPPM.

Normalmente, a motivação está relacionada a fungibilidade das provas e necessidade de colher tais declarações no calor dos fatos, evitando-se prejuízos à apuração e até mesmo para a formação da convicção do Encarregado do Inquérito.

Não pode ser utilizado como justificativa da inquirição no período noturno tão somente o fato de a Administração querer poupar o trabalho de intimar a testemunha para comparecer em outra data para a coleta formal de sua declaração.

Conforme destacado por Eliezer Pereira Martins,[96] "a finalidade do estabelecimento do horário em que o indiciado deve ser ouvido tem por finalidade evitar situação opressiva para o mesmo, bem como para as testemunhas".

Destaca-se o disposto nos arts. 354 e 355 do CPPM, estabelecendo a regra geral quanto à obrigação de depor, imposta a testemunha, e suas exceções.

2.8.3.3. Recusa de depor

Na hipótese de a testemunha recusar-se a comparecer para prestar depoimento sem motivo justificado, poderá o Encarregado requerer à autoridade judiciária competente a expedição de ordem de comparecimento, ou seja, determinar a condução coercitiva[97] da testemunha nos moldes do art. 347, § 2º, do CPPM.

2.8.3.4. Termo de Declarações 2 – TD

Nos mesmos moldes formais daquele utilizado para vítima ou ofendido. Didaticamente, dividimos em outro grupo devido a qualidade do declarante, que pode ser:

---

96. MARTINS; CAPANO, 1996, p. 86.

97. Inclusive Guilherme de Souza Nucci (2005a, p. 518-9) considera a restrição momentânea da liberdade para condução coercitiva como uma forma de prisão processual cautelar.

1) testemunhas não obrigadas a depor, nos moldes dos arts. 354 e 352, § 2°, ambos do CPPM;

2) averiguado (suspeito, não indiciado);

3) parte não definida – desobrigado do compromisso de dizer a verdade.

2.8.3.5. Auto de Qualificação e Interrogatório – AQI

É a formalização das declarações do suspeito, que se torna indiciado com a lavratura deste Auto, portanto é utilizado para o indiciamento,[98] nos moldes dos arts. 302 a 306 do CPPM, sendo, portanto, desobrigado ao compromisso de dizer a verdade.[99]

O art. 306 do CPPM traz um rol exemplificativo de perguntas a serem efetuadas ao indiciado. Interessante lembrar que na hipótese do indiciado confessar a prática do delito, deve ser aplicado o disposto nos arts. 306, § 2°, e 307, ambos do CPPM.

2.8.4. Termos de coletas de provas materiais

Toda e qualquer prova de interesse da investigação ou que tenha relação com o inquérito policial militar (ou APFD) deve ser coletada, e para tanto, deve-se atentar para sua formalidade. Entre os documentos que formalizam a coleta de provas materiais temos, conforme analisaremos em momento oportuno, entre outros:

– Auto de Exibição e apreensão;

– Auto de Busca e apreensão;

– Auto de arrecadação.

---

98. Pode ocorrer, contudo, que o indiciamento se dê em Despacho motivado do Encarregado, por exemplo, na hipótese de não ser possível ouvir o suspeito em Auto de Qualificação e Interrogatório (AQI).

99. Novamente relembra-se a observação do uso inadequado do termo "interrogatório", conforme já ressaltado anteriormente, segundo Nestor Távora e Rosmar Rodrigues Alencar (2012, p. 418).

2.8.5. Documentos de requisição de perícias e exames

Refere-se aos documentos relativos a requisição de perícias e exames, entre os quais podemos citar exemplificativamente: Exame de Corpo de Delito, Exame Residuográfico, recenticidade de disparo etc.

A respeito de exames periciais, trataremos posteriormente com maior detalhamento.

2.8.6. Encaminhamento do Inquérito Policial Militar

Não sendo instaurado o IPM pela própria autoridade originária, portanto, sendo delegada sua instauração, encaminha-se por meio de ofício ou outro documento próprio para tal fim, os documentos produzidos pelo oficial encarregado dos feitos (PPJM, oficial de serviço etc.).

Nesse documento deve ser registrado os problemas encontrados na apuração inicial, ou no registro dos fatos, motivo pelo qual alguma oitiva deixou de ser realizada, ou diligência que deva ser realizada no futuro, entre outros, que sejam relevantes para a investigação ou conclusão do inquérito.

Tais informações são de suma importância para a adequada apuração dos fatos. É comum ocorrer, por exemplo, durante as diligências iniciais, a descoberta de câmera de monitoramento (filmagem) de sistema de segurança privado, cuja área de abrangência possivelmente tenha permitido captar as imagens de interesse da investigação. Em não sendo possível acessar tais informações (devido ao horário ou necessidade de requisição judicial), é crucial indicar tal fato, permitindo, assim, que o oficial que venha a presidir as investigações (encarregado do Inquérito) tenha acesso a tais circunstâncias.

Sendo franqueado o acesso a tais provas, após a colheita devem ser encaminhadas para perícia, pois, só após o laudo pericial é que terão validade. Não sendo franqueado o acesso por parte do detentor das imagens, deve ser requisitada a Busca e Apreensão ao juiz competente (Justiça Militar).

2.8.7. Auto de Avaliação

Relativo aos crimes em que haja prejuízo patrimonial[100] deve ser efetuada a avaliação, nos termos da alínea "g" do art. 13 c/c arts. 321 e 342, todos do CPPM.

A avaliação se dá por meio dos seguintes procedimentos e formalidades:

1) oficial encarregado do IPM deverá nomear dois peritos, que prestarão o compromisso legal de bem e fielmente desempenhar suas funções, nos termos do parágrafo único do art. 48 do CPPM. As nomeações, de preferência, deverão recair em oficiais da ativa, atendendo-se, se possível, às suas especialidades, e, no ato da nomeação, o encarregado deverá formular os quesitos a serem respondidos (que tenham relação com o fato apurado, obviamente), devendo ser elaborado o Auto de Designação de Perito e Termo de Compromisso;

2) a avaliação será direta, quando procedida pela inspeção ocular da coisa, ou indireta, quando não for possível, pelo desaparecimento, destruição ou subtração da coisa, valendo-se nesse caso de elementos constantes dos autos para a realização da perícia;

3) em qualquer caso o valor obtido deverá considerar os preços de mercado para a coisa, à época do delito, bem como o seu estado, antes e depois da conduta ilícita, bem como os prejuízos causados;

4) após a realização da avaliação, deverá ser lavrado o Auto de Avaliação, o qual será juntado pelo oficial encarregado aos autos do procedimento de Polícia Judiciária Militar.

2.8.8. Outros aspectos formais

Além dos documentos anteriormente elencados, outros são necessários, sobretudo durante a instrução do Inquérito Policial Militar. Essencialmente relaciona-se ao direito administrativo, porém, impossível não citá-los, mesmo que apenas para registrar noção geral. São eles:

---

100. Tratando do Auto de Avaliação em procedimentos de Polícia Judiciária Militar, há normatização na PMESP no *Boletim Geral PM* nº 225/2001.

86 | MANUAL DE POLÍCIA JUDICIÁRIA MILITAR

2.8.8.1. Despachos

Ato processual de caráter instrumental que dá andamento ao feito (no caso em tela: inquérito policial militar) sem decidir qualquer incidente, visando ao objetivo determinado (expresso).

Exemplo: despacho do encarregado do IPM determinando providências.

Especificamente a respeito de despacho de conclusão elaborado pelo escrivão, trataremos no tópico "escrivão".

2.8.8.2. Certidão

Documento que certifica (expressa formalmente, mediante registro físico) que determinada informação, fato ou circunstância é verdadeiro,[101] sendo expedida por pessoa que possua fé pública.

Exemplo: certidão expedida pelo escrivão declarando as diligências realizadas.

Especificamente a respeito da Certidão elaborada pelo escrivão, trataremos no tópico "escrivão", a seguir.

2.9. ESCRIVÃO

Conforme observado:[102]

Nas questões de Polícia Judiciária, tudo o que não se inicia e não termina em cartório pelas mãos do Escrivão de Polícia, simplesmente não existe. Essa assertiva resume a importância do trabalho afeto ao ocupante desse nobre ofício, como sugere o lema da laboriosa classe *sine notário nihil rerum in perpetuam memoriam*, que do latim se traduz *sem o escrivão nada se perpetua*.

Com efeito, não há como deixar de admitir que grande parte dos atos da fase pré-processual da persecução penal é executada pelo escrivão de polícia, sem falar das tarefas próprias da atividades de polícia administrativa que, em boa parte, também lhe competem.

---

101. O conceito de "verdade" envolve complexas questões de filosofia, teoria da linguagem etc. – que foge ao foco deste trabalho –, motivo pelo qual não é debatido ou contraposto o melhor termo a ser utilizado.

102. POLÍCIA CIVIL DO ESTADO DE SÃO PAULO, 2006a, p. 361.

O escrivão de polícia é um técnico profissionalmente especializado. O produto final do seu trabalho, o Inquérito Policial, elaborado sob a presidência da autoridade policial, com o concurso de outros servidores, é peça ímpar, cronologicamente ordenada e concebida sob a égide da praxe forense.

Feitas as devidas adaptações aos quadros militares, o escrivão do inquérito policial militar, que geralmente nas polícias militares e corpos de bombeiros militares trata-se de função – exercida por sargentos ou oficial – e não cargo com na Polícia Civil e Federal, tem fundamental importância. O sucesso obtido no relatório do IPM é fruto direto da união de esforços do presidente do feito, escrivão designado e demais policiais que eventualmente participam como apoio de diligências, peritos, interpretes etc.

Em algumas instituições militares, como a Polícia Militar do Estado de São Paulo, há cursos de especialização para atuação específica como escrivão nas atividades de polícia judiciária militar. Sem tal aprimoramento, seria impossível levar a cabo de maneira razoável a fase de investigação e sua formalização.

Se o indiciado for oficial, o escrivão deverá ser um oficial subalterno. Nos demais casos, o escrivão será um sargento ou subtenente, conforme art. 11 do CPPM.

2.9.1. Participação do escrivão nos atos de PJM

A participação do escrivão na elaboração dos atos de polícia judiciária é de crucial importância:[103]

No momento em que a notícia de um fato delituoso chega a uma delegacia, começa o trabalho do Escrivão de Polícia, com a elaboração dos primeiros registros. A partir daí, na sequência da apuração, seja qual for a decisão da autoridade policial em face do ocorrido, a ele caberá elaborar o ato seguinte, e prosseguir até a conclusão do feito [...].

Conforme lembrado por Eliezer Pereira Martins,[104] "é de suma importância no IPM a atuação do escrivão. O escrivão não se limita a formalizar rotineiramente os atos materiais de ofício, pelo contrário, deve, com

---

103. POLÍCIA CIVIL DO ESTADO DE SÃO PAULO, 2006a, p. 361.

104. MARTINS; CAPANO, 1996, p. 72.

sua perspicácia, diligência e tenacidade contribuir para a elucidação do fato delituoso.

Com competência e zelo, o escrivão deve registrar de forma exata e fiel as diligências realizadas, observando os preceitos legais para fim de evitar que o IPM seja imperfeito ou nulo.

Na distribuição de responsabilidades entre o escrivão e o encarregado do IPM, é cediço que o encarregado responde pelas decisões do inquérito, enquanto o escrivão é responsável por toda a parte material de apresentação do feito, tudo sob estrita supervisão do encarregado".

2.9.2. Formalidades afetas ao escrivão

Entre as inúmeras atividades exercidas pelo escrivão que exigem formalização nos autos de um IPM, ressaltamos, a título exemplificativo, alguns dos documentos por ele elaborados.

2.9.2.1. Autuação

Trata-se do termo inicial da autuação do inquérito policial militar, sendo lavrado na primeira folha dos autos (capa), na qual deve constar os dados básicos do feito como: espécie do feito (IPM), número, encarregado, natureza do crime apurado, indiciados ou averiguados e ofendido/vítima. Além dessas informações, no final dessa primeira folha dos autos, que não recebe rubrica de numeração, o escrivão faz constar que recebeu o IPM do encarregado do feito e que fará registro e livro próprio.

2.9.2.2. Autuamento

Eliezer Pereira Martins faz importante lembrança do "autuamento". Segundo o autor, "é a reunião ordenada das diferentes folhas do IPM, seguidamente numeradas. A numeração é sempre lançada no ângulo superior direito do anverso da folha, a partir da folha 1 (capa). Para ordenar-se em forma de autos do IPM, usam-se grampos de metal, o que em muito facilita a junção das peças relativas às diligências, no ordem em que vão sendo realizadas".[105]

---

105. MARTINS; CAPANO, 1996, p. 74.

Sobre autuamento, o CPPM (art. 21) estabelece que a "reunião e ordem das peças de inquérito" se dá quando "todas as peças do inquérito serão, por ordem cronológica, reunidas num só processado e dactilografadas, em espaço dois, com as folhas numeradas e rubricadas, pelo escrivão".

Quadro 6 – Funções atribuídas ao escrivão no CPPM

Assunto	CPPM
Designação	Escrivão do inquérito **Art. 11.** A designação de escrivão para o inquérito caberá ao respectivo encarregado, se não tiver sido feita pela autoridade que lhe deu delegação para aquele fim, recaindo em segundo ou primeiro-tenente, se o indiciado for oficial, e em sargento, subtenente ou suboficial, nos demais casos.
Compromisso legal	Compromisso legal Parágrafo único. O escrivão prestará compromisso de manter o sigilo do inquérito e de cumprir fielmente as determinações deste Código, no exercício da função.
Lavratura de assentada	Inquirição durante o dia **Art. 19.** As testemunhas e o indiciado, exceto caso de urgência inadiável, que constará da respectiva assentada, devem ser ouvidos durante o dia, em período que medeie entre as sete e as dezoito horas. Inquirição. Assentada de início, interrupção e encerramento § 1º O escrivão lavrará assentada do dia e hora do início das inquirições ou depoimentos; e, da mesma forma, do seu encerramento ou interrupções, no final daquele período.
Autuação do inquérito	Reunião e ordem das peças de inquérito **Art. 21.** Todas as peças do inquérito serão, por ordem cronológica, reunidas num só processado e dactilografadas, em espaço dois, com as folhas numeradas e rubricadas, pelo escrivão.
Juntada de documento	Juntada de documento Parágrafo único. De cada documento junto, a que preceder despacho do encarregado do inquérito, o escrivão lavrará o respectivo termo, mencionando a data.

(APFD) Designação	Da prisão em flagrante (...) Lavratura do auto Art. 245. (...) Designação de escrivão § 4º Sendo o auto presidido por autoridade militar, designará esta, para exercer as funções de escrivão, um capitão, capitão-tenente, primeiro ou segundo-tenente, se o indiciado fôr oficial. Nos demais casos, poderá designar um subtenente, suboficial ou sargento.
Falta ou impedimento	Falta ou impedimento de escrivão § 5º Na falta ou impedimento de escrivão ou das pessoas referidas no parágrafo anterior, a autoridade designará, para lavrar o auto, qualquer pessoa idônea, que, para êsse fim, prestará o compromisso legal.
Notificação de prisão preventiva	Execução da prisão preventiva Art. 260. A prisão preventiva executar-se-á por mandado, com os requisitos do art. 225. Se o indiciado ou acusado já se achar detido, será notificado do despacho que a decretar pelo escrivão do inquérito, ou do processo, que o certificará nos autos.
Termo de Declarações (aplicação no inquérito)	Consignação das perguntas e respostas Art. 300. (...) § 3º As declarações do ofendido, do acusado e das testemunhas, bem como os demais incidentes que lhes tenham relação, serão reduzidos a termo pelo escrivão, assinado pelo juiz, pelo declarante e pelo defensor do acusado, se o quiser. Se o declarante não souber escrever ou se recusar a assiná-lo, o escrivão o declarará à fé do seu cargo, encerrando o termo. Observância no inquérito Art. 301. Serão observadas no inquérito as disposições referentes às testemunhas e sua acareação, ao reconhecimento de pessoas e coisas, aos atos periciais e a documentos, previstas neste Título, bem como quaisquer outras que tenham pertinência com a apuração do fato delituoso e sua autoria.

Translados e certidões	Identidade de prova Art. 373. Fazem a mesma prova que os respectivos originais: a) as certidões textuais de qualquer peça do processo, do protocolo das audiências ou de outro qualquer livro a cargo do escrivão, sendo extraídas por ele, ou sob sua vigilância e por ele subscritas; b) os traslados e as certidões extraídas por oficial público, de escritos lançados em suas notas; c) as fotocópias de documentos, desde que autenticadas por oficial público.
Lavratura de ata	Lavratura de ata Art. 395. De cada sessão será, pelo escrivão, lavrada ata, da qual se juntará cópia autêntica aos autos, dela constando os requerimentos, decisões e incidentes ocorridos na sessão.
Recusa de assinatura	Redução a termo, leitura e assinatura de depoimento Art. 422. (...) Recusa de assinatura § 2º Se a testemunha ou qualquer das partes se recusar a assinar o depoimento, o escrivão o certificará, bem como o motivo da recusa, se êste fôr expresso e o interessado requerer que conste por escrito. Termo de assinatura Art. 423. Sempre que, em cada sessão, se realizar inquirição de testemunhas, o escrivão lavrará termo de assentada, do qual constarão lugar, dia e hora em que se iniciou a inquirição.

2.9.2.3. *Termo de Recebimento*

Nada mais é que o registro formal do recebimento de algo por alguém.

Se o escrivão recebeu desde seu início a incumbência de autuar e servir de escrivão no IPM, o termo de recebimento é desnecessário, pois tal registro já consta da autuação (que serve de capa).

92 | Manual de Polícia Judiciária Militar

2.9.2.4. Despacho de Conclusão

É o documento por meio do qual o escrivão submete o IPM a exame do encarregado, normalmente após cumprir alguma outra formalidade (diligência, saneamento, autuação etc.) devidamente registrada em "certidão".

2.9.2.5. Certidão

Registra formalmente o cumprimento de ordem emanada do encarregado do inquérito policial militar, ou motiva seu não cumprimento.

2.9.2.6. Termo de Juntada

Termo que formaliza a anexação ao inquérito de documento, peça, objeto etc., previamente determinado pelo encarregado (por meio de despacho).

Trata-se da formalização da autuação de qualquer documento (genericamente considerado) que tenha interesse para a instrução do inquérito policial militar. É a certificação da inclusão no inquérito policial militar de determinado documento que se refere o art. 21, parágrafo único, do CPPM. Especificamente a esse respeito, será abordado no tópico que trata da função do escrivão.

Exemplos: termo de juntada de laudo pericial.

2.9.2.7. Desentranhamento

Certificação de que retirou, por determinação formal do encarregado, determinado documento ou objeto dos autos para qualquer diligência ou para sanear os autos, quando o material retirado não deveria estar nesses autos.

2.9.2.8. Termo de Encerramento

Por determinação do encarregado do inquérito, ao atingir 199 folhas. Este termo, de número 200 (se encerrar o primeiro volume; 400, se o segundo etc.), informa com quantas folhas se encerra citando que será aberto outro volume.

2.9.2.9. Termo de Abertura

Termo utilizado para registrar o início de novo volume, em decorrência do encerramento do volume anterior por ter atingido 200 folhas. Equivale à segunda folha do novo volume, sendo, a primeira, a autuação (junto à capa).

2.9.2.10. Assentada

Nos dizeres de Eliezer Pereira Martins,[106] "diferentemente da assentada do inquérito policial comum, no IPM, assentada é o termo no qual o escrivão lavra o dia e hora do início das inquirições ou depoimentos; e da mesma forma, do seu encerramento ou interrupções, no final daquele período. Em verdade o termo de assentada pode ser dispensado visto que os formulários de termo de declarações, inquirição sumária e de qualificação e interrogatório que comumente se utilizam, já contém a explicitação do dia e horário das inquirições e depoimentos. A assentada, entretanto, sempre se faz necessária quando uma intercorrência excepcional verificar-se antes, durante ou no término das inquirições ou depoimentos, como por exemplo a necessidade de interrupção da oitiva."

2.10. RELATÓRIO

2.10.1. Relatório de conclusão do IPM

O documento que conclui o inquérito policial, nada mais é que um relato minucioso elaborado pela autoridade policial.

Conforme José Geraldo da Silva,[107] "o relatório consiste no esboço sistemático de tudo o que foi apurado nos autos, onde a autoridade policial, sem floreamentos, fará a exposição dos elementos coligidos nos autos".

---

106. MARTINS; CAPANO, 1996, p. 75.

107. SILVA, 2002, p. 226.

94 | Manual de Polícia Judiciária Militar

Importante frisar, como citado anteriormente, que o inquérito policial serve tanto como instrumento contra acusações levianas, na medida em que materializa a investigação criminal, quanto para fornecer elementos para o titular da ação penal promovê-la em juízo contra o autor apontada nas investigações, aspectos esses que tem influência direta sobre o relatório.

Segundo Augusto Mondin,[108] "no relatório terminativo do procedimento policial, não deve a autoridade emitir opiniões pessoais nem proferir julgamentos. Pode, entretanto, em casos especiais, manifestar suas impressões a respeito do comportamento, durante as diligências, das pessoas que intervierem no inquérito, tais como: vítimas, indiciados, testemunhas etc. (...) O relatório não é um libelo acusatório, em que apenas as circunstâncias desfavoráveis ao indiciado são mencionadas e realçadas. Havendo-se favoráveis, cumpre à autoridade referi-las, sem constrangimentos porque o relatório, sintetizando o que tiver sido apurado, deve ser, antes de tudo e acima de tudo, imparcial, como convém e o exigem os altos interesses da justiça."

Art. 22. O inquérito será encerrado com minucioso relatório, em que o seu encarregado mencionará as diligências feitas, as pessoas ouvidas e os resultados obtidos, com indicação do dia, hora e lugar onde ocorreu o fato delituoso. Em conclusão, dirá se há infração disciplinar a punir ou indício de crime, pronunciando-se, neste último caso, justificadamente, sobre a conveniência da prisão preventiva do indiciado, nos termos legais.

Solução

No caso de ter sido delegada a atribuição para a abertura do inquérito, o seu encarregado enviá-lo-á à autoridade de que recebeu a delegação, para que lhe homologue ou não a solução, aplique penalidade, no caso de ter sido apurada infração disciplinar, ou determine novas diligências, se as julgar necessárias.

Assim, o relatório é o documento obrigatório que encerra o inquérito policial, mediante a sistematização de sua formalização, no qual é assentado relato pormenorizado das diligências realizadas, análise de provas periciais, testemunhas etc., bem como a manifestação de seu encarregado a respeito

---

108. MONDIN apud SILVA, 2002, p. 226.

dos fatos narrados, suas circunstâncias etc. Esgotando-se o prazo para encerramento do inquérito policial (conforme o art. 22 do CPPM) deve ser remetido os autos para o juízo competente devidamente relatado, porém, se houver diligências faltantes ou estiver algum laudo pendente, tal circunstância deve estar consignada no relatório, inclusive com a indicação da necessidade de retornar a origem, autoridade de polícia judiciária, para complementação. Nessa última circunstância, após término de todas as diligências pendentes, deve ser elaborado relatório aditivo.

Vale ressaltar que não se trata de um índice de documentos e diligências, ou reprodução resumida de declarações colhidas no decorrer da sua instrução, mas de resumido histórico dos fatos e documentos relevantes à conclusão.

2.10.2. Relatório das diligências iniciais

É necessário destacar, ainda, o relato elaborado quando do término das diligências iniciais, preliminares ao inquérito, especificadas no art. 12 do CPPM, e também, na hipótese de instauração de Portaria de IPM, as medidas iniciais elencadas no art. 13 do mesmo código. Não nos referimos, aqui, às medidas de instrução do IPM, pois, quanto a essas, o relatório final é que tratará.

Denominamos relato preliminar ou *relatório das diligências iniciais*, o registro do cumprimento das medidas preliminares ao inquérito quando necessárias e possíveis, tão logo a autoridade (original ou delegada) tiver conhecimento da prática de infração penal militar.

Mesmo antes da instauração, e com mais razão logo após essa, faz-se necessárias algumas medidas de polícia judiciária militar, entre elas a apreensão de instrumentos, colheita de provas, solicitação de exames periciais, preservação de local de crime, solicitação de concurso de outros órgãos etc.

No relatório das diligências iniciais tais medidas devem ser descritas, para seu cumprimento ou na impossibilidade, justificando e deixando registradas as medidas faltantes, possibilitando, assim, a motivação dos atos baseados no princípio da oportunidade e o favorecimento da futura instrução do

96 | MANUAL DE POLÍCIA JUDICIÁRIA MILITAR

inquérito policial militar, pois o encarregado já terá importantes informações registradas no relatório inicial.

Exemplificativamente, na Polícia Militar do Estado de São Paulo, toda a documentação produzida pelo oficial encarregado dos feitos iniciais[109] nessa fase é, em regra, encaminhada à autoridade de polícia judiciária militar originária por meio de documento específico.[110]

Esse documento não se presta simplesmente a encaminhar um aglomerado de feitos,[111] mas é a melhor oportunidade do oficial, que presidiu as medidas iniciais, de relatar as diligências realizadas, as faltantes e problemas encontrados. Essa complementação, a nosso ver fundamental para o início da instrução propriamente dita, nada mais é que o denominado *relatório das diligências iniciais*.

Por fim, cabe acrescentar que esse relato preliminar não se trata de uma *recognição visuográfica*,[112] mas algo mais simples, mais formal e menos

---

109. Em regra, *Oficial do Plantão de Polícia Judiciária Militar* ou *Oficial de Operacional de Serviço (CFP)* etc.

110. Por meio de *Parte*, *Ofício*, *Despacho* etc. ou qualquer outro meio legal de envio de documentos.

111. Cópias de Boletim de Ocorrência, escalas de serviço, relatórios de serviço operacional, termos de declarações etc.

112. *Recognição visuográfica* é o termo utilizado por Marco Antonio Desgualdo (2006, p. 21-4) para o registro pormenorizado das impressões da autoridade policial observadora do local de crime. Em suas palavras "diante de um quadro criminoso, faz-se mister a análise da primeira impressão do observador. Da observação de um pormenor parte-se para o descobrimento de um outro e, pouco a pouco, elucida-se toda a trama com tal precisão, como se o examinador estivesse posicionado em uma janela, quando da prática delituosa. (...) A cognição de indícios em locais de crimes e demais circunstâncias devem, em conexão única, formar o conjunto indiciário, para assim trazer aos autos a correta interpretação da prova e da autoria. Germinará, neste passo, a ideia vivenciada pelo pesquisador, resumindo-a, graficamente, em uma única peça, cujo escopo é revelar circunstâncias e fatos, desde a motivação do delito até o seu desfecho. É a recognição visuográfica, que se iniciaria pelo local do crime. (...) A recognição visuográfica é a semente da futura investigação, depois de formalizada, levando-se em consideração o seu dinamismo e praticidade. Traz em seu bojo desde o local, hora, dia do fato e da semana como também condições climáticas então existentes, além de acrescentar subsídios coletados junto às testemunhas e pessoas que tenham ciência dos acontecimentos. Traz ainda à colação minuciosa observação sobre o cadáver, identidade, possíveis hábitos, características comportamentais sustentadas pela vitimologia, além de croqui descritivo,

intuitivo. Particularmente entendemos que, em alguns crimes militares, a adoção dos princípios e critérios norteadores da recognição visuográfica pode ser útil, porém, quanto a sua utilização, muito pouco se tem visto no âmbito de inquéritos policiais militares.

---

resguardados os preceitos estabelecidos no art. 6º, I, do Código de Processo Penal. (...) A ideia é a de que tudo isto somado a outros subsídios seja transladado para o bojo da Recognição do Local de Crime. A peça não possui as limitações de um laudo, portanto o pesquisador carreia para ele muito de sua experiência e militância profissional, e pode ser complementada, na coincidência dos detalhes, pela confissão do criminoso.".

3

SITUAÇÕES PECULIARES

3.1. CRIME MILITAR DOLOSO CONTRA A VIDA

Até a Emenda Constitucional nº 45/2004, havia grande debate doutrinário a respeito da aplicabilidade do art. 9º, parágrafo único, do CPM, após sua introdução pela Lei nº 9.299/1996, quanto à competência para processar e julgar crimes militares dolosos contra a vida cometidos contra civis.[113]

No âmbito Estadual, os crimes de que trata o art. 9º do CPM, crimes militares, quando dolosos contra a vida e cometidos contra civil, serão da competência da justiça comum.

Assim, o Inquérito Policial Militar continua sendo elaborado, tendo em vista a alteração legislativa não ter alterado a natureza militar do delito (*"...crimes que trata este artigo..."* – art. 9º, parágrafo único, do CPM), e remetido devidamente relatado à Justiça Militar Estadual, e essa remeterá, depois de ouvido o Ministério Público, ao Juízo Criminal Comum (Vara do Júri).

Entendemos que nada impede a elaboração, concomitantemente, de Inquérito Policial Civil, se for caso em que haja outra infração envolvida, com autor civil, portanto, de competência da Justiça Comum, e consequentemente, cujo Inquérito Policial ficará a cargo da Polícia Civil.[114]

---

113. O parágrafo único do art. 9º do CPM sofreu outra alteração trazida pela Lei nº 12.432/ 2011, acrescendo ao texto de 1996: *"(...) salvo quando praticados no contexto de ação militar realizada na forma do art. 303 da Lei nº 7.565, de 19 de dezembro de 1986 – Código Brasileiro de Aeronáutica"*. Criou-se uma exceção a regra até então estabelecida. Apesar da alteração (acréscimo), em nada alterou o debate acerca da competência da Justiça Militar Estadual e a questão da atribuição do IPM apresentada neste capítulo.

114. Na hipótese de instauração de Inquérito Policial Civil para apuração do crime militar, nos moldes aqui defendidos, é viável o uso do mecanismo do trancamento do inquérito

100 | MANUAL DE POLÍCIA JUDICIÁRIA MILITAR

Quanto ao tema, é bastante clara a visão do Ministério Público no sentido da manutenção da natureza militar do crime doloso contra a vida cometido contra civil por militar em serviço, e da polícia judiciária militar para apuração dos fatos. Tal posição foi registrada no Manual Nacional de Controle Externo da Atividade Policial,[115] por meio do Conselho Nacional dos Procuradores-Gerais de Justiça dos Estados e União, conforme segue:

> Nos crimes dolosos contra a vida praticados por militar em serviço contra civil, o inquérito penal militar deve ser feito pela polícia judiciária militar, com remessa nos termos do art. 82 do Código de Processo Penal Militar.

CPPM

Art. 82. O foro militar é especial, e, exceto nos crimes dolosos contra a vida praticados contra civil, a ele estão sujeitos, em tempo de paz: (Redação dada pela Lei nº 9.299, de 7.8.1996) (...)

§ 2º. Nos crimes dolosos contra a vida, praticados contra civil, a Justiça Militar encaminhará os autos do inquérito policial militar à justiça comum. (*§ 2º acrescido pela Lei nº 9.299, de 7.8.1996*).

A legislação em vigor, com alteração dada pela Lei nº 9.299/1996, estabelece, expressamente, que será elaborado o IPM para apurar crimes dolosos contra a vida, praticados contra civil. Em outras palavras, é atribuição da Força Militar (Forças Armadas, Polícias Militares e Corpos de Bombeiros Militares) apurar crime militar doloso contra vida de civil.

---

policial civil por falta de justa causa, a ser pleiteado pela via de ação de *habeas corpus*. Nesse sentido, destacável o comentário de Dezem, Machado, Junqueira e Figueiredo: "Entende-se a existência de um inquérito policial, *de per si*, implica um constrangimento ao investigado ou indiciado, de molde que sua instauração requer a presença de justa causa, o que, no âmbito da investigação, significa a necessidade de o fato revestir-se de tipicidade e não estar extinta a punibilidade". Sendo atípica a conduta, ou não sendo de competência da Justiça comum e consequentemente não sendo atribuição da polícia civil investigar, a existência desse procedimento administrativo consubstancia uma coação ilegal ao investigado/indiciado. Concluem os autores: "para rechaçar constrangimentos ilegais, a jurisprudência criou o mecanismo do trancamento do inquérito policial por falta de justa causa, a ser pleiteado pela via de ação de *habeas corpus*. Julgada procedente deve, o juiz ou o tribunal, determinar a imediata paralisação das investigações, encerrando o inquérito policial indevidamente instaurado" (DEZEM et. al, 2009, p. 29).

115. Conselho Nacional dos Procuradores Gerais dos Ministérios Públicos dos Estados e da União (2009, p. 98).

A alteração assenta-se na competência de julgamento desse crime, que se deslocou em decorrência da Emenda Constitucional nº 45/2004 e não da Lei nº 9.299/1996, da Justiça Militar para o Júri, mantendo-se intacta a natureza militar do crime[116] (e permanece no CPM sem nenhuma ressalva), bem com o critério de apuração por meio de IPM.

No Estado de São Paulo, entrou em vigor a Resolução SSP nº 110/10[117] (de 19.7.2010 e publicado no *DOE* em 21.7.2010) que objetivava disciplinar o procedimento a ser adotado nas ocorrências que envolvam crimes dolosos contra a vida, praticados por policiais militares, "eliminando interpretações geradoras de desinteligências entre a Polícia Civil e a Polícia Militar". Considera, a referida Resolução, ser "indevida a condução de autores desses crimes,

---

116. Célio Lobão (2009, p. 59) registra seu entendimento no seguinte sentido: "O crime doloso contra a vida praticado contra civil, pelo militar das Forças Armadas, ou pelo militar estadual é crime comum, apesar da inconstitucionalidade do parágrafo único do art. 9º, não reconhecida pelo STF e STJ. Nessa infração penal, cabe à autoridade da polícia judiciária militar instaurar o IPM, encaminhando-o, após sua conclusão, ao Juízo Militar competente, a fim de que este faça a remessa à Justiça estadual". Com o devido respeito ao autor, vemos aparente incongruência na instauração de IPM relativo a um fato criminoso cuja natureza é considerada comum. Ou seja, se entender-se que o crime doloso contra a vida de civil, cometido por militar nas circunstâncias do art. 9º, é um crime comum, diferente de nosso entendimento já exposto, a atribuição de investigação no Inquérito Policial não poderia ser Militar, mas também comum. Mas a opinião é respeitável e não poderíamos deixar de registrar.

117. A Resolução SSP nº 110/10 estabelece: "Considerando a necessidade de padronizar o procedimento a ser adotado nas ocorrências que envolvam crimes dolosos contra a vida, praticados por policiais militares, eliminando interpretações geradoras de desinteligências entre a Polícia Civil e a Polícia Militar; Considerando ser indevida a condução de autores desses crimes, em razão de prisão em flagrante delito,às unidades da Polícia Militar, para a prática de atos de polícia judiciária militar, causando embaraços e prejuízos à imediata coleta de provas e demais providências a cargo da autoridade policial civil, o Secretário da Segurança Pública, resolve: Art. 1º. Nos crimes dolosos contra a vida, praticados por policiais militares contra civis, os autores deverão ser imediatamente apresentados à autoridade policial civil para as providências decorrentes de atividade de polícia judiciária, nos termos da legislação em vigor (art. 9º, parágrafo único, do Código Penal Militar e art. 10, § 3º, c/c art. 82 do Código de Processo Penal Militar). Art. 2º. A imediata apresentação determinada pelo artigo anterior não inibe a autoridade de polícia judiciária militar de instaurar, por portaria, Inquérito Policial Militar (IPM) para apuração de eventuais delitos conexos, propriamente militares, dada a imperiosa cisão das ações penais no concurso de crimes comuns e militares, a teor do disposto no art. 79, inciso I, do CPP e art. 102, alínea 'a', do CPPM.".

102 | Manual de Polícia Judiciária Militar

em razão de prisão em flagrante delito, às unidades da Polícia Militar, para a prática de atos de polícia judiciária militar", o que causaria, se não coibido, embaraços e prejuízos à imediata coleta de provas e demais providências a cargo da autoridade policial civil". Considerou também a resolução que a polícia judiciária militar ficaria restrita a instauração de IPM para apuração de eventuais delitos conexos, propriamente militares.

O conteúdo da Resolução da Secretaria de Segurança Pública do Estado de São Paulo prestou-se a nutrir ainda maior debate acerca do tema, sendo indicada, desde logo, incongruências face ao sistema processual e penal militar, inclusive quanto à Constituição Federal, mesmo após a EC nº 45/2004.

Em julgamento em sessão plenária, por unanimidade de votos, os membros do E. Tribunal de Justiça Militar do Estado de São Paulo acordaram em julgar procedente a arguição de inconstitucionalidade em face da referida Resolução. Considerou o acórdão que a Resolução SSP nº 110/10, em razão de seu conteúdo, usurpou papel legislativo, "praticamente alterando o preceito contido no § 2º do art. 82 do Código de Processo Penal Militar, incorrendo, nesse ponto, em inconstitucionalidade reflexa (ou oblíqua), traduzida por franca ilegalidade".

Segundo parte do acórdão:

> Propriamente a literalidade do citado dispositivo aponta que, nas hipóteses dos delitos em testilha, toda a fase pré-processual desenvolver-se-á perante a polícia judiciária militar, afinal o texto legal refere-se, expressamente, a "autos do inquérito policial militar", o que pressupõe sua existência e finalização. Assim, encerrado o IPM, e tão somente neste momento, a Justiça Militar o remeterá à Justiça Comum.

> A razão de ser do preceito legal é o fato de que o deslocamento da competência para o Tribunal do Júri não desnaturou a condição militar dos crimes dolosos contra a vida praticados por militares. (...)

> Bem lembrou o Advogado-Geral da União, no mesmo parecer, trecho do voto do Ministro Carlos Velloso, durante a apreciação do pedido de liminar na ADI nº 1494, no qual assevera que:

> "É dizer a Lei nº 9.299, de 1996, estabeleceu que à Justiça Militar competirá exercer o exame primeiro da questão. Noutras palavras, a Justiça Militar dirá, por primeiro, se o crime é doloso ou não; se doloso, encaminhará os autos do inquérito policial militar à Justiça comum. Registre-se: encaminhará

os autos do inquérito penal militar. É a lei, então, que deseja que as investigações sejam conduzidas por primeiro pela Polícia Judiciária Militar". Ao contrariar o disposto no § 2º do art. 82 do CPPM, a Resolução SSP nº 110, de 19.7.2010, incorreu em inconstitucionalidade reflexa, produzindo norma *contra legem* e extrapolando os limites impostos pela natureza dos atos meramente executórios, emanados do Poder Executivo.

Além do vício de inconstitucionalidade oblíqua, a mesma Resolução padece, também, de inconstitucionalidade direta, por ter assumido, indevidamente, conteúdo normativo autônomo em flagrante discrepância com o mandamento do § 4º do art. 144 da Constituição da República (...).

Havendo crime militar, nos moldes do art. 9º do CPM, torna-se inafastável a previsão do § 4º do art. 144 da Constituição, que confere à polícia judiciária militar, com exclusividade, a investigação delitiva. A subtração dessa atribuição, da seara policial militar, mediante ato normativo infraconstitucional, intenta grosseira e frontal agressão ao Ordenamento Supremo. (TJMSP, Arguição de Inconstitucionalidade nº 001/10 – Acórdão)

Apesar da decisão, incidental, demonstrando cabalmente a inconstitucionalidade da Resolução SSP nº 110/10, a mesma Secretaria produziu a Resolução nº 45/11[118] (publicada no *DOE* de 7.4.2011). Segundo essa última, "considerando a necessidade de uniformização dos procedimentos investigatórios", "todas as ocorrências preliminarmente identificadas como 'resistência seguida de morte' envolvendo policiais militares" (ocorridas dentro dos limites territoriais da grande São Paulo) "deverão ser registradas e investigadas exclusivamente pelo Departamento de Homicídios e Proteção à Pessoa – DHPP, sem prejuízo das devidas apurações por parte das respectivas Corregedorias".

---

118. A Resolução SSP-SP nº 45/11 tem o seguinte teor: "O Secretário da Segurança Pública: Considerando a busca contínua pelo aprimoramento e eficiência nas ações de polícia judiciária; Considerando a necessidade de uniformização dos procedimentos investigatórios atinentes às ocorrências policiais denominadas 'resistência seguida de morte'; Considerando que o Departamento de Homicídios e Proteção à Pessoa detém uma estrutura adequada e corpo técnico especializado na investigação de crimes em que ocorra o evento morte, resolve: Art. 1º. Todas as ocorrências preliminarmente identificadas como 'resistência seguida de morte' envolvendo policiais militares, civis e integrantes da guarda civil metropolitana, ocorridas dentro dos limites territoriais do DECAP e DEMACRO, deverão ser registradas e investigadas exclusivamente pelo Departamento de Homicídios e Proteção à Pessoa – DHPP, sem prejuízo das devidas apurações por parte das respectivas Corregedorias. Parágrafo único. Nas ocorrências de que trata este artigo, o local dos fatos deverá ser devidamente preservado para posterior levantamento pericial, ainda que ocorra a remoção de pessoas lesionadas.".

104 | MANUAL DE POLÍCIA JUDICIÁRIA MILITAR

Ao nosso entender, tem-se mais do mesmo. A "exclusividade" do registro e apuração de crime militar por autoridade de polícia civil, afastando assim a atribuição de polícia judiciária militar e da própria Justiça Militar, incorre nos mesmos problemas apontados pelo TJM.[119] Ou seja, padece de: a) inconstitucionalidade reflexa (por extrapolar o alcance das resoluções emanadas de órgãos do Poder Executivo); b) inconstitucionalidade formal (por tratar-se de instrumento que não se presta a invadir campo destinado à Lei); e c) inconstitucionalidade material direta (por agredir o art. 144, § 4º, da CF, além da separação dos poderes).

3.2. EMBRIAGUEZ

A embriaguez é tipificada como crime militar em duas oportunidades: art. 202, que trata da embriaguez em serviço, e o art. 279, que tipifica a embriaguez ao volante, ambos do CPM. Especialmente quanto a esse último crime ressalta-se que é especial em relação ao Código de Trânsito Brasileiro, sendo, portanto, atribuição de polícia judiciária militar a apuração da condução de veículo motorizado sob administração militar, na via pública, encontrando-se o condutor em estado de embriaguez.[120]

Na hipótese de suspeita do policial militar ter se embriagado em serviço ou se apresentado embriagado para prestá-lo, ou ainda dirigir veículo motorizado, sob administração militar, na via pública em estado de embriaguez, deverão ser tomadas as seguintes providências:[121]

---

119. A base de argumentação utilizada pelo TJM na referida Arguição de Inconstitucionalidade, tem como lastro algumas decisões do STF e STJ. STF: ADI nº 4164, Rel. Min. Gilmar Mendes; ADI nº 1494 MC/DF, Rel. Min. Celso de Mello. STJ: HC nº 21.560-PR, Rel. Min. Félix Fischer.

120. Não se aplica ao crime militar do art. 279 (embriaguez ao volante) o Decreto nº 6.488/2008, que regulamenta tão somente os arts. 276 e 306 do Código de Trânsito Brasileiro (disciplinando a margem de tolerância de álcool no sangue e a equivalência entre os distintos testes de alcoolemia para efeitos de crime de trânsito). A respeito, ver Eduardo Henrique Alferes (2008, p. 1-4).

121. Há orientação institucional da PMESP a respeito de embriaguez em serviço no Boletim GPM nº 011/87, com alterações trazidas pelo Bol GPM nº 157/94, no mesmo molde aqui proposto.

SITUAÇÕES PECULIARES | 105

1. apresentar,[122] imediatamente, o policial militar no Plantão de Polícia Judiciária Militar (ou a outro setor ou oficial que possa exercer tais funções – de polícia judiciária militar) em decorrência da suspeita do cometimento do crime capitulado no art. 202 (embriaguez em serviço) ou art. 279 (embriaguez ao volante) do CPM;

2. condução (apresentação) do militar ao local de realização de exame pericial – normalmente plantão da polícia técnico-científica ou instituto médico legal – ou em algumas localidades no próprio Hospital Militar, para:

   2.1. expedição de laudo de exame de dosagem alcoólica;

   2.2. exame médico-clínico pormenorizado, descrevendo-se sintomas e sinais encontrados, com expedição de laudo (em substituição ao exame de dosagem alcoólica);

3. se o militar não permitir a coleta de sangue[123] para a realização do exame laboratorial de dosagem alcoólica, deverão ser arroladas 2 (duas) testemunhas que comprovem este fato, por escrito;[124]

---

122. A orientação institucional refere-se a "prisão em flagrante delito". Porém não nos parece razoável falar em "prisão" antes da expedição de laudo com relatório apontando "embriaguez". O direito pátrio não tolera a "detenção para averiguação", assim o militar, sobre o qual recai a suspeita, estará administrativamente a disposição do Oficial encarregado das investigações em decorrência da apresentação ao órgão técnico competente para a elaboração do laudo pericial. Interpretação distinta atenta contra direitos fundamentais do policial militar, constituindo abuso de autoridade. Obviamente a permanência "a disposição" do setor encarregado da apuração da possível embriaguez deve ocorrer durante o período estritamente necessário e dentro da razoabilidade.

123. Ressalta-se que o policial militar submetido a tal procedimento tem o direito de não fazer prova contra si, portanto pode não doar material para realização de qualquer exame (sangue, para dosagem alcoólica; vapor de ar alveolar, para etilômetro etc.). Não é demais lembrar que, recusando-se a ser submetido a coleta de material para exame, constitui grave ataque a seus direitos constitucionais o coleta coercitiva.

124. Entendemos que a única interpretação possível para a sugestão de comprovação, por meio de duas testemunhas, de que o militar não se sujeitou coleta de sangue é meramente para resguardar a autoridade de polícia judiciária que requisitou o exame, comprovando sua diligência. Lembramos que ninguém é obrigado a fazer prova contra si mesmo, e tal passividade (em não doar amostra de sangue) em hipótese alguma pode ser utilizada formalmente de maneira prejudicial ao detido, suspeito ou réu.

106 | MANUAL DE POLÍCIA JUDICIÁRIA MILITAR

4. na posse do laudo clínico com resultado *"embriaguez"*, e apenas diante desse resultado, deve ser dado início à lavratura do Auto de Prisão em Flagrante Delito (APFD);[125]

5. na posse do laudo clínico com resultado *"alcoolizado"*, configura situação atípica na esfera penal militar, porém, pode configurar Transgressão Disciplinar.[126]

Considera-se estado alcoolizado quando o indivíduo não perde as suas faculdades motoras e psíquicas de entendimento, diferentemente do que ocorre com a embriaguez. Irrelevante, para fins disciplinares, o nível de dosagem no sangue do militar, basta ter ingerido bebida alcoólica, mesmo se não configurar o estado de embriaguez.

3.2.1. Quesitos na requisição de exame pericial

Ao requisitar exame pericial junto ao órgão técnico específico (Hospital da Militar ou Instituto Médico Legal), visando subsidiar apuração de crime militar envolvendo a necessidade de constatação da condição do militar (embriagado ou alcoolizado), é necessário especificar os quesitos a serem respondidos pelos médicos peritos. Sugerimos os seguintes:

a) O militar submetido ao exame está embriagado ou alcoolizado?

b) Se embriagado, a embriaguez é completa ou incompleta?

---

125. Em geral, o estado de aparente embriaguez do militar, ao ponto de ser conduzido à presença da autoridade de polícia judiciária – ou quem por ela for delegado a instrução dos feitos – dá ensejo a "voz de prisão" antes da apresentação, sendo ratificada tal voz após o resultado que declare "embriaguez" do militar. Caso contrário, tendo o laudo resultado "alcoolizado", não é ratificada a prisão, devendo tão somente ser registrado tal fato em documento próprio pois todas as Forças Militares preveem em seus regulamentos disciplinares sanções para tal condição.

126. Em todos os Estados brasileiros há previsão de transgressão disciplinar envolvendo consumo de álcool ou substância análoga por militar estadual. No Estado de São Paulo, o Regulamento *Lei Disciplinar da Polícia Militar do Estado de São Paulo* (Lei Complementar nº 893, de 9.3.2001), em seu art. 13, parágrafo único, 89 a 91, tipifica a conduta.

c) O militar submetido ao exame em virtude de seu estado, ao tempo da ação,[127] era capaz de entender o caráter criminoso do fato ou de determinar-se de acordo com esse entendimento?

d) O militar, no estado em que se encontra, põe em perigo a segurança própria ou de terceiros?

3.3. OCORRÊNCIA ENVOLVENDO POLICIAL CIVIL OU MILITAR FEDERAL

3.3.1. Policial Civil

Qualquer ocorrência de interesse de polícia judiciária militar em que haja envolvimento de Policial Civil, o Delegado de Polícia de Plantão na área dos fatos deve ser imediatamente acionado, e se for o caso, o órgão Corregedor da Polícia Civil.[128]

No caso do Estado de São Paulo, é importante a leitura das seguintes normas:

PORTARIA Nº CorregPM2-130/92:

(...)

Art. 4º. Na hipótese de divergência quanto à recepção e registro de ocorrências:

I – evitar discussões, tumultos e excesso de pessoal e viaturas no local dos fatos e no recinto do distrito policial;

II – em sendo necessário, alertar o membro da Polícia Civil sobre a irregularidade detectada;

III – solicitar a presença imediata de superior hierárquico seu e do componente da Polícia civil;

---

127. Este quesito só tem sentido lógico se for apresentado, logo no início da requisição do exame médico pericial, um breve histórico contendo a data/hora provável dos fatos investigados e as circunstâncias apuradas.

128. Todos os Estados possuem sistemas de atendimento ininterruptos por partes das corregedorias das polícias. Na capital do Estado de São Paulo, a Corregedoria Geral de Polícia; e nos demais municípios, há um Departamento responsável pelas atribuições regionalizadas da Corregedoria, normalmente localizados nas sedes das Seccionais de Polícia ou Deinter (Departamento de Polícia Judiciária do Interior).

PORTARIA DGP Nº 20, de 8.9.1992:

O Delegado Geral de Policia, resolve

Art. 1º. (...)

II – Na Delegacia de Polícia:

a) se a ocorrência tratar da prática de infração de natureza não militar, deverá ser determinado pela Autoridade Policial o competente registro do fato, seguido das medidas atinentes à Polícia Judiciária, observadas as normas processuais vigentes

b) Havendo divergência quanto à natureza da ocorrência, deve a Autoridade Policial que tiver competência para decidir sobre a mesma, ajuizar da conveniência da instauração de procedimento de Polícia Judiciária, ainda que de forma concomitante com medidas afins que venham a ser adotadas na área da Polícia Judiciária Militar;

c) caso o Delegado de Polícia, em despacho fundamentado, decidir-se pela não instauração de Inquérito Policial, deverá determinar a lavratura de Boletim de Ocorrência, nele fazendo constar apenas dados fundamentais da ocorrência e a existência ou não de Inquérito Policial Militar (IPM) ou outra medida de polícia judiciária militar;

d) Os registros imediatos que o Oficial PM em serviço tiver que elaborar, poderão ser realizados na Delegacia de Polícia em dependência indicada pela autoridade policial.

e) O Delegado de Polícia e o Oficial PM, se necessário fornecerão cópia dos registros que efetuarem, facilitando a troca de elementos probatórios que possibilitem a agilização dos respectivos procedimentos;

f) Sobrevindo no local da ocorrência ou, no recinto da Delegacia de Polícia incidente que pelas circunstâncias possa gerar atrito entre integrantes das Polícias Civil e Militar, deverá o fato ser incontinenti comunicado pela Autoridade Policial ao seu superior hierárquico imediato, que acionará a Corregedoria da Polícia Militar.

Outro ponto interessante é a relação entre Oficiais e Delegados de Polícia no aspecto que tange a oitiva em Inquérito Policial, Civil ou Militar.

Em razão de várias divergências o Secretário de Segurança Pública do Estado de São Paulo elaborou, em 1985, regras para dirimir qualquer conflito, e entre elas a de que:

1) os Delegados de Polícia e os Oficiais da Polícia Militar deverão prestar declarações como vítima em Inquérito Policial Militar e/ou Inquérito Policial;

2) os Delegados de Polícia e os Oficiais da Polícia Militar deverão prestar depoimentos, como testemunha em Inquérito Policial Militar e/ou Inquérito Policial se dos fatos tiverem conhecimento;

3) os Delegado de Polícia e os Oficiais da Polícia Militar poderão deixar de atender à solicitação de comparecimento para serem ouvidos como testemunha em Inquérito Policial Militar e/ou Inquérito Policial se apenas tomaram conhecimento dos fatos em razão de suas funções e nestes casos deverão prestar esclarecimentos através de documento pessoal em trâmite direto a autoridade solicitante.

O objetivo da resolução está ligado ao fato de que o ideal no exercício da Polícia Judiciária Civil ou Militar deverá ser alcançado por meio de um entendimento cordial entre as autoridades que, "irmanadas devem se desprover de vaidade na busca incessante de bem exercer as funções de auxiliar do Poder Judiciário".

Tais regras são aplicáveis não apenas no Estado de São Paulo, pois, antes de serem normas administrativas de âmbito estadual (São Paulo), estabelecem regras de conduta e relações entre profissionais que, em última instância, tem o mesmo objetivo, qual seja, prestação do serviço público com qualidade e desenvolvimento das atividades de polícia com eficiência.

3.3.2. Militar Federal

Ocorrência de interesse da Polícia Judiciária Militar Estadual envolvendo militar das Forças Armadas possui características peculiares. Tratando-se de militar federal figurando como ofendido[129] ou testemunha, não há grande destaque por sua condição de militar federal, devendo ser tratado com urbanidade e profissionalismo da mesma forma que o civil.

O destaque ocorre quando esse militar federal figura, *a priori*, como autor de crime tipificado no CPM. Nessa hipótese, segundo parte da doutrina e das autoridades de polícia judiciária militar, o Militar Estadual é con-

---

129. Não nos referimos aos casos em que o militar federal é parte da ocorrência de natureza penal militar, como na hipótese de o militar estadual praticar violência contra militar de serviço (exemplo: sentinela de quartel do Exército).

110 | Manual de Polícia Judiciária Militar

siderado, para fins de aplicação do art. 9º do CPM, na condição de vítima, como civil pela Justiça Militar Federal.

O que *a priori* poderia ser considerado crime militar cometido pelo militar federal contra militar estadual, torna-se crime comum. Nessa hipótese, não importa a teoria adotada, o autor é militar federal, portanto a Justiça Militar Estadual não é competente para julgá-lo (art. 124 c/c art. 125, § 4º, ambos da CF), consequentemente, a função de Polícia Judiciária Militar com atribuições para registro e apuração de tais fatos é a Federal. Assim, no caso hipotético apresentado, deve ser imediatamente acionado a unidade ou órgão de Polícia Judiciária Militar Federal competente (Marinha, Exército ou Aeronáutica) para que aquela autoridade providencie os registros que julgar cabíveis. Entendendo tratar-se de crime militar, certamente lavrará o IPM. Entendendo não ser crime militar, deve o militar federal ser encaminhado à autoridade de polícia civil da área dos fatos.

Lembramos que há regras de condução do militar detido, não devendo ser conduzido em viatura da Polícia Militar sem ciência expressa do superior responsável pelo detido, devendo sempre ser acionado o órgão militar federal a que aquele se vincula.[130]

3.4. ACIDENTE DE TRÂNSITO ENVOLVENDO VIATURA POLICIAL MILITAR

Em caso de acidente de trânsito envolvendo viatura policial militar, caracterizada ou não, sem vítima,[131] que resulte dano ao patrimônio público ou de terceiros, deve-se instaurar o procedimento adequado, qual seja, a Sindicância.

---

130. É mais comum o envolvimento de militar do Exército Brasileiro, em decorrência do maior efetivo e distribuição geográfica em um número maior de municípios do que as outras Forças. Nesse caso, em grandes cidades, havendo unidade da "Polícia do Exército" (PE) sugerimos seu acionamento.

131. Considera-se, para efeito de instrução por meio de Sindicância, também a hipótese em que o condutor seja o único lesionado. Nesse aspecto, apesar de envolver lesão, sendo o condutor o responsável pelo acidente, não há que se falar em Inquérito Policial Militar pois a autolesão não é incriminada.

Na hipótese de resultar em lesão corporal ou morte, caberá instauração de Inquérito Policial Militar.

Segundo o art. 1º da Lei nº 5.970/1973, a autoridade ou o agente policial que primeiro tomar conhecimento do fato poderá autorizar, independentemente de exame do local, a imediata remoção das pessoas que tenham sofrido lesão, por meio da atuação do órgão técnico especializado (Corpo de Bombeiros, SAMU etc.), bem como dos veículos envolvidos, se estiverem na via pública prejudicando o tráfego.

Vale lembrar ainda o Código de Trânsito Brasileiro, Lei nº 9.503/1997, em seu art. 176, que, havendo vítima, deverá ser preservado o local. Porém, se não houver vítima, o art. 178 ressalva que, havendo prejuízo a fluidez do trânsito, deverá ser removido o veículo.

Ainda, tratando-se de local de acidente de trânsito, lembramos que a remoção de que trata o CTB é aquela suficiente para diminuir ou cessar o prejuízo a fluidez do trânsito e não uma remoção e transporte ou condução até outro local como Base Policial, Plantão de Polícia etc. Removido o veículo por distância suficiente para restabelecer a fluidez do trânsito, ainda há campo para perícia, devendo tal alteração de local ser relatada ao Perito, enquanto que a retirada e transporte para área distinta, pode prejudicar ou até mesmo inviabilizar qualquer perícia a respeito do acidente.

Quanto às lesões corporais em qualquer pessoa (distinta do condutor causador do acidente), civil ou militar, decorrente de acidente de trânsito envolvendo viatura e a instauração ou não de Inquérito Policial Militar decorrente da natureza militar do crime, há divergência doutrinária.

A esse respeito o Tribunal de Justiça Militar do Estado de São Paulo possui orientação normativa registrando seu entendimento por meio do Provimento nº 003/05-CG, com o seguinte teor:

> Art. 1º. Compete à Policia Judiciária Militar a apuração de fatos decorrentes de acidentes de trânsito envolvendo veículos automotores de propriedade ou sob responsabilidade da Polícia Militar do Estado de São Paulo, caracterizados ou não, não importando a qualificação das vítimas.
>
> Art. 2º. Compete ao Juiz de Direito do Juízo Militar Estadual a análise e decisão sobre a existência do crime e sua natureza, nos termos da legislação vigente.

MANUAL DE POLÍCIA JUDICIÁRIA MILITAR

Em sentido diverso, com quem concordamos, semelhante ao da Súmula do STJ,[132] COIMBRA e STREIFINGER registram que "assentimos na corrente de que todo e qualquer homicídio e lesão corporal culposos, praticados na condução de veículo automotor, viatura ou não, devem ser compreendidos à luz dos arts. 302 e 303 da Lei nº 9.503, de 23 de setembro de 1997 (Código de Trânsito)".[133]

Em oportuno registro os citados autores ressaltam que: "Por fim, é necessário consignar que a questão se pacificou na Justiça Militar do Estado de São Paulo, que, em decisão surpreendente de seu Tribunal de Justiça Militar, afastou até mesmo a aplicação do postulado na Súmula 6 do STJ. Em outros termos, a tendência inicial sofreu alteração em sentido totalmente inverso, sendo o atual entendimento o de que os crimes praticados na condução de veículo automotor, ainda que dolosos e não tendo por vítima outro militar do Estado, são crimes militares, portanto, de competência da Justiça Castrense."

Consolidando e vinculando[134] administrativamente o Provimento do TJM/SP, há determinação do Subcomandante da Polícia Militar do Estado de São Paulo quanto à instauração do "adequado" procedimento de Polícia Judiciária Militar.[135]

---

132. Súmula nº 6 do STJ: Compete à Justiça Comum Estadual processar e julgar delito decorrente de acidente de trânsito envolvendo viatura de Polícia Militar, salvo se autor e vítima forem policiais militares em situação de atividade.

133. NEVES; STREIFINGER, 2007, p. 272-3.

134. Os Provimentos, Pareceres, Regimentos etc., provenientes do Poder Judiciário não vinculam os órgãos do Poder Executivo, nem seus agentes administrativos, exceto obviamente decisões judiciais e Súmula Vinculante do STF. Mas, como subterfúgio a não vinculação, em alguns estados, como no Estado de São Paulo, o comando da Polícia Militar tem acolhido integralmente os Provimentos e determinado seu cumprimento. Com isso, o descumprimento do conteúdo do Provimento da Justiça Militar torna-se, *in tese*, transgressão disciplinar por descumprimento de ordem emanada da autoridade militar que acolheu, como se norma administrativa interna fosse o entendimento da Justiça Militar. Há debate a respeito da subordinação indireta do Executivo (órgão policial) ao Poder Judiciário, entre outros aspectos, mas não debate-se a respeito da norma administrativa. Independentemente da opinião a respeito desse vínculo indireto, alertamos que deve-se atentar para o conteúdo da norma sob pena de instauração de procedimento disciplinar para apurar possível transgressão disciplinar.

135. *Boletim Geral PM* nº 230/2005. "Ato do Scmt PM. 1. Considerando que o Tribunal de Justiça Militar do Estado de São Paulo, por meio do Provimento nº 003/05-CGer, publicado

Concluindo, não há dúvida a respeito da posição da Justiça Militar no Estado de São Paulo, portanto, para estar em consonância com ela é necessário instaurar o Inquérito Policial Militar para casos de lesão corporal e homicídio, doloso ou culposo, envolvendo viatura policial militar.

Na prática, o Policial Militar condutor, vigorando esse entendimento, não pode usufruir dos institutos da Lei nº 9.099/1995, hipótese possível se prevalecesse o entendimento da aplicação da Lei nº 9.503/1997 (Código de Trânsito Brasileiro). Assim, a interpretação em vigor é prejudicial ao militar.

3.5. ABUSO DE AUTORIDADE

O tema, por sua amplitude e complexidade, ensejaria um capítulo, até mesmo uma obra exclusiva,[136] porém fugiria do objetivo inicial deste manual, qual seja, delinear de maneira prática e simplificada a atuação no campo das atribuições de polícia judiciária militar.

Respeitando os objetivos iniciais, delinearemos o tema buscando contribuir para o correto exercício das atribuições de polícia judiciária militar.

3.5.1. Apuração do abuso de autoridade

Há distinção entre "crimes militares" (cujos comentários foram resumidos anteriormente) e "crimes praticados por militares". Há hipóteses em que o militar pode praticar fatos descritos como crime militar (definido no CPM – Parte Especial e art. 9º) como também pode praticar outros fatos definidos como infrações penais, porém de natureza comum.[137]

---

no *DOE* nº 211, de 11.11.2005, firmou o entendimento de que crimes militares decorrentes de acidentes de trânsito são de competência da Justiça Militar. (...) 4. Determino: 4.1. quando da ocorrência de crimes militares decorrentes de acidentes de trânsito devem ser instaurados os adequados procedimentos de polícia judiciária militar, devendo as decisões serem norteadas pelo entendimento firmado pelo Tribunal de Justiça Militar, (...)."

136. Este é um dos casos a que nos referimos nas notas introdutórias: outras obras mais específicas e profundas já delimitam o tema, portanto, deixamos de nos aprofundar no abuso de autoridade, porém, sem nos afastar de sua abordagem, mesmo que superficial.

137. No mesmo sentido: MORAES, 2003.

114 | Manual de Polícia Judiciária Militar

A essa última hipótese, de cometimento de crime de natureza não militar, enquadram-se, entre outros, os crimes previstos na Lei nº 4.898/1965, Lei de Abuso de Autoridade. A esse respeito recordamos a Súmula nº 172 do STJ: *Compete a Justiça Federal processar e julgar militar por crime de abuso de autoridade, ainda que praticado em serviço.*

Seguindo o entendimento do Superior Tribunal de Justiça, a competência para apuração de abuso de autoridade, com fundamento na Lei nº 4.898/1965, não é da Justiça Militar portanto incabível Inquérito Policial Militar. Porém, há tipos penais no CPM que tratam de crimes de abuso de autoridade: art. 173 (Abuso de requisição militar), art. 174 (rigor excessivo) e art. 175 (Violência contra inferior), art. 176 (Ofensa aviltante a inferior). Esses crimes só existem no CPM, consequentemente, pelo princípio da especialidade,[138] aplica-se tais dispositivos no que forem semelhantes ao disposto na Lei.

Em complemento a essa linha de raciocínio transcrevemos trecho do texto de Eliezer Pereira Martins:[139] "Cumpre ressaltar, contudo, que qualquer outro ato caracterizador do abuso de autoridade, diverso das condutas típicas dos arts. 173 *usque* 176 do CPM, mesmo que praticados no interior dos aquartelamentos, por militar da ativa, contra militar da ativa, com emprego de arma da instituição militar ou por qualquer outro critério fixador da competência da Justiça Militar; será tal delito sancionado com fundamento na Lei nº 4.898/1965, já que esta Lei previu um número maior de condutas e uma tutela mais ampla contra eventuais abusos de autoridade."

O texto dos citados tipos penais do CPM são tão específicos que acabam por não excluir a incidência da Lei nº 4.898/1965, que, a rigor, terá caráter supletivo, porém entendemos que na imensa maioria das hipóteses de constituição de abuso de autoridade, com clara exceção ao art. 3º, "i", da Lei, aplica-se totalmente.

---

138. Citamos o princípio da especialidade, pois o tipo penal é exclusivo do CPM, mas algumas de suas definições podem, conforme a análise efetuada, assemelhar-se à Lei de Abuso de Autoridade. Obviamente não abordamos a questão da tipicidade direta e indireta por tratar-se de tema já comentado no início deste Manual.

139. MARTINS, 1996, p. 50.

3.5.2. Abuso de autoridade cometido pelo encarregado dos feitos de PJM

Tratamos, até aqui, do cometimento de abuso de autoridade pelo militar figurando como vítima mediata[140] um civil.

Mas, no exercício dos atos de Polícia Judiciária Militar o encarregado não pode investigar criminalmente o abuso de autoridade cometido por militar estadual, porém, pode ser autor de atos assim considerados, podendo haver responsabilização funcional.

A respeito Eliezer Pereira Martins[141] ressalta que: "A instituição militar reflete a estrutura social civil na qual está inserida. Neste passo, verifica-se que a democracia recente em nosso país está a impor um redimensionamento da autoridade militar, que deverá ser cada vez mais voltada para a disciplina 'positiva', caracterizada pela competência da liderança, instilação de ânimo e confiança, e sobretudo no interesse pelo bem-estar do militar.

Em síntese, a sociedade democrática impõe a mudança do paradigma de controle da estrutura militar, que não pode mais ter por base o autoritarismo puro, mesmo porque as instituições militares não se compõem mais em suas bases dos proscritos da sociedade, mas, cada vez mais de soldados profissionais, socialmente integrados e senhores de suas obrigações e direitos."

Continua o referido autor,[142] "Ora, se é certo que os abusos de poder se consumam nos quartéis, resta saber se são apenas a hipertrofia da autoridade militar e a peculiar estrutura das instituições militares os geradores do abuso de autoridade. Estamos que o principal fator determinante do abuso de poder nas instituições militares não reside nos fatores já apontados, mas mormente na incompetência da autoridade detentora do poder, que não sabe ou não quer fazer USO do instrumental legal da administração militar para a consecução das finalidades das instituições militares, ou, sendo conhecedora dos recursos legais, deles não se utiliza por colimar interesses diversos do interesse da administração. Em qualquer das hipóteses, certo é que a autoridade

---

140. Entendendo que no abuso de autoridade a vítima imediata é o Estado e a mediata o indivíduo que sofreu lesão ou ameaça de lesão a garantia constitucional.

141. MARTINS, 1996, p. 27.

142. Ibid., p. 30.

militar acaba por utilizar-se de recursos ilegítimos, ilegais em sua atuação, incidindo portanto no abuso de autoridade."

Concluímos pela necessidade de profissionalização da atuação dos encarregados de procedimentos de cunho penal militar (IPM, APFD etc.), por meio da especialização e maior permanência nesta área de atuação, viabilizando ações garantidoras dos direitos individuais, não incorrendo em abuso contra o militar investigado, e do interesse público, apurando a fundo o crime militar objeto de investigação.

3.6. TORTURA

Os crimes de tortura tratados na Lei nº 9.455/1997 são comuns, não se tratando de crimes militares por não estarem tipificados no CPM, assim, independem das circunstâncias em que ocorrerem ou da qualidade pessoal do envolvido.

A esse respeito Guilherme de Souza Nucci[143] faz citação a decisão do STF:

> Alegação de ocorrência de crime de tortura. Crime comum. Incompetência da Justiça Militar. Inteligência do art. 124 da Constituição Federal. Recurso extraordinário conhecido e parcialmente provido, determinado-se a remessa dos autos à Seção Judiciária do Estado de São Paulo. (Rec. Extraordinário 407.721-3-DF, 2ª T., Rel. Gilmar Mendes, 16.11.2004, v.u.).

Escrevendo sobre o tema tortura, Oswaldo Henrique Duek Marques[144] faz importante observação:

> Trata-se de crime material, que se consuma com o sofrimento físico ou mental provocado na vítima, independentemente da consecução dos fins visados pelo agente. O sofrimento físico nada mais é do que a própria dor física, enquanto o mental se consubstancia na angústia ou dor psíquica. Tanto um quanto o outro podem ocorrer em momento posterior ao da prática do crime, quando resultantes de uma sequela física ou mental, provocada pela violência ou grave ameaça por parte do agente.

---

143. NUCCI, 2007b, p. 1.004.

144. MARQUES, 1997.

Se a provocação de tais sofrimentos tiver por escopo a obtenção de informação, declaração ou confissão (art. 1º, inciso I, alínea "a"), para configurar a tortura, não há necessidade de que essas sejam destinadas a procedimento judicial ou extrajudicial. Entretanto, se o forem e se não ocorrer o sofrimento físico ou mental, poderá caracterizar-se o crime de coação no curso do processo, dependendo do caso concreto (art. 344 do CP), ou, ainda, o de constrangimento ilegal (art. 146 do CP).

Adaptando o ensinamento ao CPM, se a provocação de sofrimento for destinadas a procedimento judicial ou inquérito policial militar pode caracterizar o crime de coação, ou, ainda, o crime de constrangimento ilegal, tipificados nos arts. 342 e 222, respectivamente.

Portanto, alguns atos cometidos por militares podem não configurar crime de tortura, porém, sua delineação diante das circunstâncias, métodos e finalidades, podem configurar os crimes militares citados. O cometimento desses sim, ensejam a apuração por parte da autoridade de polícia judiciária militar.

3.7. ATUAÇÃO DO ÓRGÃO CORREGEDOR

Conforme precisamente registrado por Assis, Neves e Cunha:[145] "(...) os órgãos da Administração Pública podem desencadear mecanismos de fiscalização interna, de modo a melhor controlar e assim garantir a qualidade, ou melhor, a eficiência dos serviços prestados por seus órgãos, formando um verdadeiro sistema de controle. Nesse contexto, surgem as ouvidorias, controladorias, corregedorias etc., buscando a excelência dos serviços prestados, isso sob todos os aspectos, abrangendo desde a qualidade até a legalidade de atuação".

E continuam os autores: "em outras palavras, cabe ao superior hierárquico (ou funcional) exercer a atividade corregedora em seu espectro de atuação, o que, se observado, diminuirá sensivelmente a árdua missão das corregedorias. (...) Ocorre que, em situação real, esse controle descentralizado, característico do Poder hierárquico, nem sempre, por situações diversas, é eficaz, restando a um órgão específico, residualmente ou não (neste caso se

---

145. ASSIS; NEVES; CUNHA, 2005, p. 208-11.

118 | MANUAL DE POLÍCIA JUDICIÁRIA MILITAR

o controle descentralizado for negligenciado), agir em prol da eficiência e do respeito aos princípios colimados pela instituição".

Diante dessa peculiaridade da Unidade, de suas funções e atribuições, cabe ressaltar que, após a instauração, deve ser remetida à Corregedoria da Polícia, diante de suas atribuições peculiares, a segunda via da Portaria, devidamente assinada.[146]

3.8. PROTEÇÃO À TESTEMUNHA

A Lei nº 9.807/1999 estabelece normas para organização e manutenção de programas especiais de proteção a vítimas e a testemunhas ameaçadas e dispõe sobre a proteção de acusados ou condenados que tenham voluntariamente prestado efetiva colaboração à investigação policial e ao processo criminal, tanto no âmbito Federal quanto Estadual ou do Distrito Federal.

A proteção a testemunha, no âmbito da Polícia Judiciária Militar, no Estado de São Paulo, é regulamentada pela Portaria nº 003/03-CG, baseada na Lei nº 9.807/1999, cujas disposições aplicam-se aos inquéritos e processos em que os réus são acusados dos crimes militares apresentados no quadro 7 (ver página 119).

O procedimento dos oficiais no exercício da função de polícia militar judiciária quando do conhecimento de que vítima ou testemunha reclamar de coação ou grave ameaça, em decorrência de depoimentos que devam prestar ou tenham prestado, deverão proceder da seguinte forma: as vítimas ou testemunhas coagidas ou submetidas a grave ameaça, em assim desejando, não terão quaisquer de seus endereços e dados de qualificação lançados nos termos de seus depoimentos. Aqueles ficarão anotados em impresso distinto, remetido pela Autoridade de Polícia Judiciária Militar ao Juiz Auditor competente juntamente com os autos do inquérito após edição do relatório e solução. No Ofício de Justiça, será arquivada a comunicação em pasta própria, autuada com, no máximo, duzentas folhas, numeradas, sob responsabilidade do Escrivão.

---

146. No Estado de São Paulo há norma estabelecendo que o texto da Portaria deverá ser remetido à Corregedoria, no formato digital (formato MS Word, ".doc") para o endereço eletrônico *corregsecpoljud@policiamilitar.sp.gov.br*.

Quadro 7 – Crimes militares aos quais são aplicáveis as disposições de proteção à testemunha

CRIME	CPM
homicídio doloso	art. 205, *caput*, e § 2º
sequestro ou cárcere privado	art. 225, *caput*, e §§ 1º, 2º e 3
roubo	art. 242, *caput*, e seus §§ 1º, 2º e 3º
extorsão	art. 243, *caput*, e §§ 1º e 2º
extorsão mediante sequestro	art. 244, *caput*, e §§ 1º, 2º e 3
estupro	art. 232, *caput*, c/c art. 237 e incisos I e II
atentado violento ao pudor	art. 233, *caput*, c/c art. 237 e inciso I e II
epidemia com resultado morte	art. 292, § 1º
envenenamento com perigo extensivo e caso assimilado qualificado pela morte	art. 293, *caput*, e §§ 1º e 2
genocídio	art. 208, *caput*
tráfico, posse ou uso de entorpecente ou substância de efeito similar e casos assimilados	art. 290, *caput*, e §§ 1º e 2º

Segundo observa Ronaldo João Roth,[147] sobre a interpretação do Provimento do Corregedor Geral de Justiça (semelhante ao provimento do TJM/SP descrito anteriormente) formaram-se duas correntes jurisprudenciais: uma, no sentido de que não se pode proibir a explicitação dos nomes da vítima ou da testemunha na denúncia, sob pena de violação do princípio da ampla defesa; e outra, no sentido de que a ocultação dos nomes das pessoas protegidas não causa violação da ampla defesa.

---

147. ROTH, 2008, p. 23-7.

120 | MANUAL DE POLÍCIA JUDICIÁRIA MILITAR

Conforme o citado autor "deve ser assegurado ao réu conhecer o nome das pessoas da vítima e das testemunhas que sustentam a acusação contra si, erigindo-se tal assertiva em status de condição *sine qua non* à garantia do *due process of Law* num verdadeiro Estado Democrático de Direito".

Para a rotina de Polícia Judiciária Militar, aconselhamos o fiel cumprimento do citado Provimento, pois o debate jurídico a respeito da ampla defesa não se aplica a fase de inquérito, e principalmente, não é colocado em risco a testemunha ou vítima.

No Estado de São Paulo há orientação administrativa própria para tais casos.[148]

---

148. Em suma, estabelece que, mesmo considerando o surgimento de pedidos diretos de Juízes e Promotores para que a Polícia Militar propicie proteção às testemunhas, nos casos em que tais solicitações forem feitas diretamente às OPM, deverá o Comandante da respectiva Unidade esclarecer à Autoridade requisitante que os pedidos vinculados à proteção de testemunhas, deverão ser remetidos ao (PROVITA/SP), situado no Páteo do Colégio, 148, 2º andar, São Paulo e, no tocante às vítimas, o encaminhamento deverá ser feito ao Centro de Referência e Apoio à Vítima (CRAVI/SP), situado na Rua Barra Funda, 1.032, São Paulo/SP (*Bol G PM* nº 162/00).

4

MEDIDAS CAUTELARES

4.1. INTRODUÇÃO

Medida cautelar nada mais é que o meio preventivo, cautelar, utilizado para defesa ou proteção de um direito, concedida quando houver fundado receio de dano jurídico ao bem tutelado.

Deve fundar-se em razões objetivas, com motivos concretos, autorizadores da medida, devendo o despacho da autoridade competente na concessão conter motivação e fundamentação baseadas nos critérios técnicos e jurídicos. A medida cautelar deve ser: preventiva, provisória e revogável.

4.2. MEDIDAS CAUTELARES ASSECURATÓRIAS DE BENS

Visando assegurar ou garantir o estado das coisas, são dessa espécie de medida cautelar: busca e apreensão, arrecadação etc.

Das várias medidas cautelares que podem recair sobre bens serão abordadas as relacionadas diretamente com o foco deste manual, portanto, algumas medidas relacionadas ao processo judicial, ou que apenas nela possam ser efetivadas, não serão abordadas.

Um exemplo de medida que pode ser decretada exclusivamente na fase judicial é a hipoteca legal. Porém, ressalta-se que o arresto pode ser decretado ainda na fase do inquérito policial militar, conforme o art. 215, § 2º, do CPPM, ou seja, pode ser solicitado pela autoridade policial.

O arresto trata-se de medida cautelar preparatória da hipoteca legal, que recai sobre imóveis de origem lícita, a serem submetidos, durante

122 | Manual de Polícia Judiciária Militar

o processo penal militar. Com Nestor Távora e Rosmar Rodrigues Alencar pode-se destacar que "cuida-se de uma providência puramente cautelar dos direitos do lesado, em face do perigo da demora na especialização da hipoteca lega. Caso não seja promovido o procedimento de especialização da hipoteca no prazo de 15 dias da determinação do arresto, será ele revogado".[149] Segundo os mesmos autores, em face da exiguidade do prazo para o manejo do processo de inscrição de hipoteca legal (15 dias), se o arresto de imóvel for requerido durante a fase investigativa, haverá maior risco de incidir hipótese para sua revogação (art. 215, § 1º, do CPPM). Assim, entendemos pouco prático o pedido de arresto durante a fase de IPM.

4.2.1. Busca e apreensão

A busca refere-se a investigação a procura de elementos materiais relacionados com o fato analisado,[150] enquanto que a apreensão diz respeito à formalização da tomada de elemento probatório, de interesse ao inquérito policial, portanto sendo relevante quanto ao esclarecimento da autoria ou materialidade. A busca, e a decorrente apreensão, em regra, necessita de ordem judicial por escrito da autoridade competente.

A apreensão diz respeito à formalização da tomada de elemento probatório, de interesse da investigação, enquanto a busca refere-se à pesquisa, indagação, investigação propriamente dita, dos elementos relacionados com o fato de interesse da polícia judiciária.[151]

Segundo Julio Fabbrini Mirabete[152] "a busca é a diligência destinada a encontrar-se a pessoa ou coisa que se procura e a apreensão é a medida que a ela se segue".

A busca e apreensão está disciplinada nos arts. 170 a 189 do CPPM.

---

149. TÁVORA; ALENCAR, 2012, p. 347.

150. Conforme José Geraldo da Silva (2002, p. 207): "fala-se em busca porque pressupõe o ocultamento da pessoa ou coisa que tenha ligação com o fato delituoso, e cuja apreensão seja importante ao esclarecimento do fato.".

151. Nesse sentido, ver Polícia Civil do Estado de São Paulo (2006a, p. 245).

152. MIRABETE, 2000, p. 318.

4.2.1.1. Busca e apreensão relacionada com crime comum

A respeito das medidas preventivas e assecuratórias que recaem sobre coisas, em especial a busca e apreensão, há importante debate relativo a competência legal das instituições militares, sobretudo Polícias Militares, quanto a elaboração de representação para concessão de mandado de busca e apreensão relacionada a fatos ou circunstâncias em envolva crime comum.

No que concerne a limitação da competência, destacamos as palavras de Álvaro Lazzarini:[153] "A própria liberdade de ação do órgão policial, hoje, está adstrita à sua competência legal, isto é, cada órgão policial tem o exercício do Poder de Polícia limitado à sua esfera de competência, porque, no dizer autorizado e sempre lembrado de Caio Tácito, 'A primeira condição de legalidade é a competência do agente. Não há, em direito administrativo, competência geral ou universal: a lei preceitua, em relação a cada função pública, a forma e o momento do exercício das atribuições do cargo. Não é competente quem quer, mas quem pode, segundo a norma do direito. A competência é, sempre, um elemento vinculado, objetivando *(sic)* fixado pelo legislador.'"

Nosso entendimento orienta-se no sentido de que a autoridade de polícia judiciária militar só pode representar para concessão de mandado de busca e apreensão nas hipóteses relacionadas com a apuração de crime militar. Restringe sua atuação, portanto, tão somente aos crimes militares (próprios ou impróprios), não podendo, em regra, utilizar desse instituto (representação para concessão de mandado) quando relacionado a crime comum, cuja competência de investigação é da polícia civil ou federal.[154]

É importante frisar que há quem defenda opinião em contrário, no sentido do cabimento da representação por autoridade de polícia judiciária militar em casos de crimes não militares.

---

153. LAZZARINI, 1996, p. 39.

154. Obviamente nossa opinião se fundamenta nos casos mais comuns, como regra geral, mas admitimos exceções. Por exemplo, em localidades onde não haja autoridade de polícia judiciária civil ou federal que possa atuar, conforme o preceito constitucional, em tempo hábil a realizar a representação e cumpri-la, correndo o risco da perda da efetividade da medida urgente e excepcional. No Estado de São Paulo, por exemplo, em decorrência da distribuição organizacional da Polícia Civil, e das pequenas distâncias entre as circunscrições administrativas das autoridades policiais civis, raramente a exceção a regra será cabível.

124 | Manual de Polícia Judiciária Militar

Com a devida vênia, discordamos, pois salvo em casos excepcionais, defender tal posição é o mesmo que consentir que Forças Militares (Forças Armadas ou Polícias Militares) investiguem crimes que não são de sua alçada, contrariando a Constituição Federal, em seu art. 144, § 4º, e ingressando, desta forma, no âmbito de atuação de outra autoridade, não havendo, nesses casos, atribuição ou competência concorrente.

4.2.1.2. Busca domiciliar

Conforme lembra Julio Fabbrini Mirabete,[155] "a busca domiciliar é permitida 'quando fundadas razões a autorizarem' (art. 240, § 1º). Como se trata de uma medida de exceção, constrangedora, que fere a liberdade individual, deve ser empregada com cautela e moderação, ou seja, quando se fundarem em suspeitas sérias de que a pessoa ou coisa procurada se encontra na casa em que a busca deve ser feita e na necessidade indiscutível da medida".

Quanto à busca domiciliar, esta deve ser executada lastreada pelas normas do art. 5º, inciso XI ,da CF, arts. 250, *caput*, e 246 do CPP, art. 150, § 4º, do CP, e ainda o art. 172 do CPC.

Os arts. 176 e 177 do CPPM, semelhante ao art. 241 do CPP, não foram totalmente recepcionados pela Constituição Federal de 1988 (art. 5º, inciso XI, da CF[156]), não podendo mais a ordem de busca domiciliar ser determinada pela autoridade policial (civil ou militar). Desta forma, é necessária maior atenção quanto à finalidade, fundamentação e requisitos para tal medida, pois deve ser executada mediante determinação judicial.

Assim, cabe ao encarregado dos feitos de polícia judiciária militar elaborar a representação para a concessão de mandado de busca e apreensão domiciliar dentro das hipóteses do CPPM (art. 172) contendo o maior número de informações possíveis, e de maneira motivada.

Não podemos nos esquecer de que, ao tratar da busca e apreensão domiciliar, com solicitação e execução no âmbito da polícia judiciária militar,

---

155. MIRABETE, 2000, p. 320.

156. Art. 5º, inciso XI, da CF: "a casa é asilo inviolável do indivíduo, ninguém nela podendo penetrar sem consentimento do morador, salvo em caso de flagrante delito ou desastre, ou para prestar socorro, ou, durante o dia, por determinação judicial".

tem em regra, como objeto, o domicílio e objetos envolvendo policial militar.

Por isso, com a mesma razão dos casos em que não é um policial ou funcionário público investigado, deve haver não só cautela na execução, mas estrito cumprimento dos ditames legais e respeito aos direitos e garantias constitucionais (art. 5º, inciso XI, da CF).

A respeito da ação policial e o conflito entre classe social e direito individual, relacionada a busca domiciliar Nilo Batista[157] escreveu, em memorável obra, interessante artigo denominado *"o asilo inviolável"*, essencial para a compreensão do tema o qual transcrevemos resumidamente:

> Alguns Policiais se queixam de que a nova constituição veio dificultar seu trabalho. Será mesmo?
>
> A nova constituição, no seu art. 5º, inciso XI, diz que a casa é asilo inviolável do indivíduo e que ninguém pode entrar nela sem consentimento do morador, salvo se houver *flagrante delito, desastre,* ou, durante o dia, *ordem judicial* (assinada por um juiz). A diferença da antiga Constituição está aí, nessa *ordem judicial*; antes, bastava a ordem escrita do delgado de polícia ou mesmo sua simples presença ao ato. (...)
>
> O que mudou? Nos bairros ricos, nada mudou. Lá, a casa sempre foi o asilo inviolável do indivíduo; lá a polícia jamais foi entrando, pé na porta, em todos os apartamentos de um prédio até descobrir alguma coisa ou alguém. Lá, para uma busca domiciliar existe sempre uma investigação anterior que forneça um volume aceitável de indícios para autorizá-la.
>
> E nas favelas, ou nos conjuntos habitacionais mais pobres? O trabalhador e sua família estiveram sempre expostos a uma visita sem anúncio, a ver sua casa toda revirada, objetos quebrados, e nem ao menos um pedido de desculpas.
>
> Não, não é o trabalho policial que ficou mais difícil com a nova Constituição. Difícil mesmo para algumas pessoas é tratar da mesma forma o apartamento de luxo e o barraco, é considerar que ambos são, igualmente, o asilo inviolável do indivíduo.

Assim, encarregado do inquérito policial militar não pode confundir sua superioridade hierarquia ou funcional, e os decorrentes deveres impostos ao policial militar subordinado, com a desconsideração dos direitos individuais.

---

157. BATISTA, 1990, p. 114-5.

126 | MANUAL DE POLÍCIA JUDICIÁRIA MILITAR

Quadro 8 – Aspectos jurídicos da busca e apreensão

Hipóteses de ingresso na residência alheia	a) com o consentimento do morador (a qualquer hora do dia ou da noite); b) em caso de flagrante delito (a qualquer hora, com ou sem consentimento do morador); c) em caso de desastre (a qualquer hora, com ou sem consentimento do morador); d) para prestar socorro (a qualquer hora, com ou sem consentimento do morador); e) **por determinação judicial** (apenas durante o dia, com ou sem consentimento do morador) – *Mandado de Busca e Apreensão*;
Hipóteses em que poderá ocorrer busca e apreensão	Conforme o art. 172 do CPPM, para: a) prender criminosos; b) apreender coisas obtidas por meios criminosos ou guardadas ilicitamente; c) apreender instrumentos de falsificação ou contrafação; d) apreender armas e munições e instrumentos utilizados na prática de crime ou destinados a fim delituoso; e) descobrir objetos necessários à prova da infração ou à defesa do acusado; f) apreender correspondência destinada ao acusado ou em seu poder, quando haja fundada suspeita de que o conhecimento do seu conteúdo possa ser útil à elucidação do fato; g) apreender pessoas vítimas de crime; h) colher elemento de convicção.
Requisitos da representação para concessão de mandado de busca e apreensão	a) destinado a autoridade judiciária competente; b) houver fundadas razões (art. 172, *caput*, do CPPM); c) objetivar uma das hipóteses de cabimento elencadas no art. 172 do CPPM; d) conter as informações necessárias para a expedição do mandado (art. 178, "a", do CPPM): indicação do domicílio objeto de diligência, nome do morador ou proprietário, objetos ou pessoas que serão buscadas ou apreendidas etc. e) motivar a representação indicando os fins da diligência e sua necessidade.

Quadro 9 – Aspectos práticos da execução da busca e apreensão

Procedimento da execução do mandado	Conforme o art. 179 do CPPM: **1) se o morador estiver presente:** a) após identificação do executor do mandado, este deverá ser lido. b) o morador será convidado a franquiar a entrada, sob pena de a forçar, se não atendido; c) uma vez dentro da casa, se estiver à procura de pessoa ou coisa, convidará o morador a apresentá-la ou exibi-la; d) se não for atendido ou se se tratar de pessoa ou coisa incerta, procederá à busca; e) se o morador ou qualquer outra pessoa criar obstáculo poderá ser usado de força necessária para vencer a resistência ou remover o empecilho e arrombará, se necessário, quaisquer móveis ou compartimentos em que, presumivelmente, possam estar as coisas ou pessoas procuradas; **2) se o morador estiver ausente:** a) tentará localizá-lo para lhe dar ciência da diligência e aguardará a sua chegada, se puder ser imediata; b) no caso de não ser encontrado o morador, ou não comparecer, convidará pessoa capaz, a fim de testemunhar a diligência, constando no auto tal circunstância; c) entrará na casa, arrombando-a, se necessário; d) fará a busca, rompendo, se preciso, todos os obstáculos em móveis ou compartimentos onde, presumivelmente, possam estar as coisas ou pessoas procuradas; **3) se for em casa desabitada:** a) tentará localizar o proprietário, procedendo da mesma forma como no caso de ausência do morador.

4.2.1.3. *Solicitação de mandado de busca domiciliar baseado em informações anônimas*

A busca domiciliar, necessária para a investigação de crime militar, somente deve ser solicitada, e levada a efeito, quando houver fundadas razões

128 | Manual de Polícia Judiciária Militar

que a autorizem, como determina o art. 172 do CPPM, não sendo suficientes as informações colhidas em denúncia anônima, necessitando ao menos de diligências confirmatórias e colheita de outras que se fizerem necessárias.

Nesse sentido, ressalta Rogério Greco,[158] "As informações colhidas através do disque-denúncia poderão ser consideradas como um início, mesmo que incipiente, de prova, necessitando muito mais do que isso para que se possa quebrar a tranquilidade do lar de alguém, conforme preconizado em nossa Carta Magna."

4.2.2. Apreensão de produtos específicos

A título exemplificativo, os itens a seguir serão tratados utilizando como parâmetros as normas existentes na Justiça Militar Estadual (SP), as quais não divergem significativamente das existentes em outros Estados.

4.2.2.1. Drogas, produtos químicos e explosivos

Segundo Provimento nº 2/02-CG, do Corregedor Geral de Justiça Militar do Estado de São Paulo, as substâncias entorpecentes bem como as químicas, tóxicas, inflamáveis, explosivas e/ou assemelhadas, não serão recebidas pelos ofícios da justiça militar, permanecendo em depósito junto à autoridade policial militar que preside ou presidiu o inquérito policial militar ou nas dependências do órgão encarregado de efetivar o exame cabível, dando-lhes, em seguida, o encaminhamento previsto em lei.

Em regra, o auto de apreensão policial militar das referidas substâncias deverá apresentar, entre outros requisitos, a menção da quantidade, peso ou volume apreendidos pela autoridade militar.

Ainda, segundo o referido Provimento, a autoridade policial militar deverá, tão logo seja possível, providenciar autorização judicial para encaminhar à destruição as substâncias entorpecentes e assemelhadas, bem como as químicas, tóxicas, inflamáveis e explosivas apreendidas, nos termos legais.

Na hipótese de ocorrer a apreensão de grande quantidade de substâncias entorpecentes ou consideradas perigosas, deverá a autoridade policial

---

158. GRECO, 2009, p. 151.

militar provocar o juiz da auditoria do processo ou, na sua falta, o juiz corregedor permanente da polícia judiciária militar, para o fim de obter imediata autorização para sua destruição, reservando-se quantidade razoável para o imprescindível exame e contraprova.

4.2.2.2. Armas e munições

Conforme Provimento nº 04/07 – CGer:

Art. 1º. Em obediência ao disposto no art. 12, na alínea "b", do Código de Processo Penal Militar, a autoridade policial militar a que se refere o § 2º do art. 10 do mesmo Código deverá apreender os instrumentos e todos os objetos que tenham relação com a apuração dos crimes militares definidos em lei, quando dolosos contra a vida tendo como vítima um civil.

Art. 2º. Em observância ao previsto nos arts. 8º, alínea "g", e 321 do Código de Processo Penal Militar, a autoridade de polícia judiciária militar deverá requisitar das repartições técnicas civis as pesquisas e exames necessários ao complemento da apuração dos crimes militares definidos em lei, quando dolosos contra a vida tendo como vítima um civil.

Art. 3º. Nos casos em que o órgão responsável pelo exame pericial proceder a liberação imediata, o objeto ou instrumento deverá ser apensado aos autos quando da remessa à Justiça Militar, nos termos do art. 23 do Código de Processo Penal Militar.

Art. 4º. Nas hipóteses em que o objeto ou instrumento permaneça no órgão responsável pelo exame pericial e somente posteriormente venha a ser encaminhado à autoridade de polícia judiciária militar, esta deverá também prontamente, quando do recebimento, efetuar o envio desse material à Justiça Militar, referenciando o procedimento ao qual se relaciona.

Parágrafo único. O mesmo procedimento deverá ser adotado pela autoridade de polícia judiciária militar quando do recebimento do laudo ou exame pericial.

Entendemos cabível a aplicação do Provimento aqui transcrito para todos os crimes militares em que haja apreensão de material bélico (armas e munições), desde que sejam submetidas a Exame Pericial, pois o destinatário intermediário e final do material apreendido e o resultado da perícia não é o encarregado do IPM, mas sim o membro do Ministério Público e autoridade

130 | Manual de Polícia Judiciária Militar

judiciária, portanto essa última é que decide quanto a manutenção da apreensão, devolução a origem (proprietário, detentor etc.) ou destruição, não a autoridade de polícia judiciária militar.

4.2.2.3. *Apreensão de arma utilizada por militar em ocorrência envolvendo civil*

Nas ocorrências em que haja conexão de crimes, comum e militar, há necessidade de atuação da polícia judiciária civil e militar, motivo pelo qual devem ser tomadas algumas cautelas para evitar conflitos no exercício funcional e a divisão do registro e diligências necessárias prejudicar a apuração das infrações. Essa atuação, talvez não conjunta, mas necessariamente harmônica, exige a flexibilidade e bom senso das autoridades de polícia judiciária encarregadas dos feitos (civil e militar), tornando difícil o regramento ou sistematização das ações por meio de norma administrativa dada a enormidade de hipóteses e circunstâncias envolvidas nos casos concretos.

A título exemplificativo, no Estado de São Paulo a Portaria nº CorregPM-1/130/92 registra disposição sobre normas legais de polícia judiciária militar, o registro de ocorrências e à conduta do oficial (encarregado dos feitos de PJM) em serviço para tal atividade.

PORTARIA Nº CorregPM-1/130/92:

(...)

Art. 4º. Nas ocorrências em que haja conexão de crimes, comum e militar, o Oficial conduzirá todas as partes ao Distrito Policial, para realização conjunta dos registros de polícia judiciária, de acordo com as atribuições legais respectivas.

Art. 5º. As apreensões dos instrumentos e objetos do delito e as requisições de perícia serão realizadas pelas autoridades, observado o previsto nos artigos anteriores.

§ 1º. O Oficial, no uso de suas atribuições legais, requisitará aos órgãos periciais os exames e meios necessários, na forma regulamentar.

§ 2º. A autoridade que realizar a apreensão ou requisição, se solicitado, fornecerá ao Delegado, cópia do auto ou ofício requisitório.

Art. 6º. Esta Portaria entrará em vigor na data de sua publicação, revogadas as disposições em contrário.

Ainda no âmbito da Polícia Militar do Estado de São Paulo, as I-40-PM (Instruções para o atendimento de ocorrência em que haja o cometimento de infração penal praticada por policial militar – art. 23) estabelecem que o oficial operacional (denominado de comandante de força patrulha – CFP) deverá, tão logo receber a notícia do cometimento de infração penal militar, apreender os instrumentos que tenham relação com o fato, portanto as armas eventualmente utilizadas pelos militares. Além dessa providência deverá tomar as demais necessárias a preservação das provas ou indícios.

Note-se que o Provimento nº 04/07 – CGer, emanado da JME-SP, estabelece que o encarregado dos feitos iniciais de polícia judiciária militar *deverá* apreender os instrumentos e todos os objetos que tenham relação com a apuração dos crimes militares definidos em lei, já a Portaria CorregPM-1/130/92 determina que as apreensões dos instrumentos e objetos do delito e as requisições de perícia serão realizadas pelas autoridades, observado o previsto nos artigos anteriores.

A citada Portaria deixa claro, em seu art. 5º, que as apreensões serão realizadas pelas autoridades, não especificando qual deverá fazê-la, o que pode gerar certa dúvida, pois trata o referido documento de ocorrências em que haja conexão entre crime comum e militar, portanto, há atuação de duas autoridades (autoridade de polícia civil e militar).

Ao menos no Estado de São Paulo, o entendimento dos órgãos que lidam com polícia judiciária militar, quanto a apreensão de objetos, sobretudo armas nas hipóteses tratadas no Provimento e na Portaria, tem sido no sentido de que devem ser apreendidos pela autoridade de polícia judiciária militar.

Não são raras as notícias de conflitos de atribuições entre Polícia Judiciária Civil e Polícia Judiciária Militar no tocante à apreensão de armas que tenham relação em infrações penais militares, sobretudo quando se trata de homicídio (comumente denominado no meio policial de "Resistência Seguida de Morte – RSM"[159]).

---

159. O termo "resistência seguida de morte" tem sido utilizado há décadas no meio policial, porém, a rigor, não há essa infração penal, o que em geral quer-se dizer é a ocorrência de crime de resistência, ou tentativa de homicídio contra o policial militar, e o crime de homicídio. O termo RSM tem sido utilizado sobretudo quando há indícios de excludente de ilicitude na ação policial. Ressaltamos que a incorreção no seu uso e indicamos a necessidade da correta indicação dos atos e naturezas, sobretudo na instrução do inquérito policial ou qualquer outro feito de polícia judiciária militar.

132 | MANUAL DE POLÍCIA JUDICIÁRIA MILITAR

Apesar de a legislação, jurisprudência e a doutrina deixar clara a atribuição de polícia judiciária militar para a apuração de crimes militares, ainda há pouco conhecidos por parte das autoridades de polícia judiciária comum e seus auxiliares a respeito, o que causa inúmeros conflitos.

Por vezes, a autoridade de polícia civil entende que a arma portada pelo policial militar (por exemplo, a que tenha sido acionada e causada dolosa ou culposamente uma lesão corporal em civil), deva ser apreendida por ela e não pelo oficial encarregado dos registros de polícia judiciária militar. Tal entendimento já gerou, inclusive, o indiciamento do oficial que apreendeu a arma, pelo suposto cometimento de crime de "usurpação de função pública" e "desobediência", por não obedecer a "ordem legal", emanada pelo Delegado, de apresentar a arma no Distrito Policial. Além dos prejuízos pessoais, tal situação gera um grande desgaste interpessoal, entre policial militar e civil, além do desgaste institucional.[160]

---

160. Na hipótese da autoridade de polícia judiciária comum, Delegado de Polícia, instaurar Inquérito Policial comum para apurar o suposto cometimento de crime por parte do Oficial, nas circunstâncias citadas, caberá impetração de *habeas corpus* buscando o trancamento do inquérito policial. Quanto a esse procedimento interessante o comentário de Guilherme Madeira Dezem: "o 'trancamento do inquérito policial', trata-se de construção jurisprudencial, calcada na previsão genérica de ausência de justa causa. Entende-se que a existência de um inquérito policial, de per si, implica um constrangimento ao investigado ou indiciado, de molde que sua instauração requer a presença de justa causa, o que, no âmbito da investigação, significa a necessidade de o fato revestir-se de tipicidade e não estar extinta a punibilidade. Dessarte,para a instauração de um inquérito policial prevalece o entendimento de que são consideradas a tipicidade do fato objeto da investigação (...) sob pena de a existência desse procedimento administrativo consubstanciar uma coação ilegal ao investigado/indiciado. Para rechaçar constrangimentos ilegais, a jurisprudência criou o mecanismo do trancamento do inquérito policial por falta de justa causa, a ser pleiteado pela via de ação de habeas corpus. Julgada procedente deve, o juiz ou tribunal, determinar a imediata paralisação das investigações, encerrando o inquérito policial indevidamente instaurado" (DEZEM et. al, 2009, p. 28-9). A previsão do cabimento de HC quando não houver justa causa para a coação funda-se no art. 648, I, do CPP. A hipótese tratada pelo Código é bastante abrangente e refere-se à ausência dos elementos que possibilitem a persecução penal, ainda que na fase inquisitorial (IP). Portanto o pedido de trancamento deve ser claro quanto a indicação da inexistência de crime de desobediência ou usurpação, pois trata-se de exercício regular de direito, em decorrência da função exercida pelo Oficial, e/ou cumprimento de norma do CPPM que estabelece as medidas preliminares ao IPM (art. 12 do CPPM), demonstrando que a atividade investigatória do Estado (por meio do IP) não se justifica por atipicidade do fato.

4.2.2.4. Conclusões

Entendemos que deva ser cumprido o CPPM quanto à obrigação de apreensão de objetos relacionados com a infração penal militar de interesse da investigação, e que tal providência deva ser realizada pelo oficial encarregado dos feitos de polícia judiciária militar e lavrado o respectivo auto (registro da apreensão) por este. Inclusive, tal entendimento, no Estado de São Paulo, é corroborado pelo Provimento da JME (além de Portaria da Corregedoria da PMESP e Instruções normativas internas da PMESP).

Porém, na hipótese da arma já ter sido exibida, ou até mesmo apreendida, à autoridade de polícia judiciária comum (Delegado de Polícia), o bom senso estabelece que tão somente tal circunstância deva ser registrada em documento apropriado, constar dos registros de polícia judiciária militar o motivo da não apreensão, evitando-se conflitos infrutíferos. Tal providência exime o encarregado dos feitos de PJM de responsabilidade, criminal e, sobretudo, disciplinar, pela não apreensão, pois já realizada por outra autoridade, além de evitar desgaste desnecessário.

Seria incompreensível exigir do encarregado das atribuições de PJM (sob pena de responsabilização disciplinar ou criminal), reaver os objetos relacionados com o crime militar (já apreendidos por Delegado de Polícia) por outro meio senão o registro em documento apropriado. Acrescenta-se que, como regra em todo o país, não há órgão pericial exclusivamente militar, ou seja, não há órgão que realize perícias técnico-científicas oficiais que seja estruturado e atue exclusivamente para a justiça militar, ou para a polícia judiciária militar. Em regra, o mesmo órgão oficial fará os exames periciais nos objetos apreendidos pela autoridade de polícia judiciária civil e militar, não havendo qualquer sentido no embate burocrático ou político-institucional quanto à apreensão, tendo em vista o destino ser exatamente o mesmo, ficando à disposição da justiça igualmente.

4.2.3. Arrecadação

Assemelha-se a exibição e apreensão, porém é mais usual nas hipóteses em que a autoridade policial localiza instrumento ou objeto no local da infração penal, não sendo necessariamente relacionados diretamente com a infração penal, por exemplo, pertences da vítima, objetos estranhos ao local etc.

134 | Manual de Polícia Judiciária Militar

Muitos consideram que tal procedimento está em desuso, devendo apenas ser produzido o auto de apreensão.

4.2.4. Exibição e apreensão

Nos casos em que algum material, que tiver relação com o fato criminoso investigado, é exibido por terceiros (pessoas distintas da equipe de polícia judiciária militar – encarregado e escrivão) ao encarregado do Inquérito Policial Militar, este deverá apreender e juntar aos autos. O documento que formaliza tal circunstância (apresentação do material e sua retenção para juntada aos autos) é denominado de Auto de Exibição e Apreensão.

Nas palavras de Julio Fabbrini Mirabete,[161] "nem sempre a busca precede a apreensão, podendo esta ser efetivada sem aquela desde que a coisa seja entregue espontaneamente à autoridade, lavrando-se então o 'auto de exibição e apreensão.'"

4.2.5. Restituição das coisas apreendidas

Interessante observar que, após apreensão, enquanto interessarem ao processo, as coisas apreendidas não poderão ser restituídas. As regras de restituição estão reguladas pelos arts. 190 e seguintes do CPPM.

Na instrução do inquérito policial militar, a autoridade policial deve apreender os instrumentos do crime e objetos que tenham relação com os fatos investigados, justificando-se a necessária de medida asseguratória que recaia sobre esses bens.

As coisas apreendidas, em regra, não poderão ser restituídas enquanto interessarem ao processo conforme art. 190 do CPPM. Como exceção a essa regra, a restituição de coisa apreendida poderá ser ordenada pela autoridade de polícia judiciária militar ou pelo juiz, mediante termo próprio nos autos conforme o art. 191 do CPPM, porém, entendemos que, das hipóteses excepcionais tratadas, à autoridade policial militar só cabe a restituição se:[162]

---

161. MIRABETE, 2000, p. 319.

162. Uma das hipóteses do art. 191 trata da coisa apreendida que não seja irrestituível, especificamente da perda em favor da Fazenda Nacional (como efeito da condenação). Entendemos que não se aplica à autoridade policial, não cabendo a esta deliberar a respeito.

a) não interesse ao processo;

b) não exista dúvida quanto ao direito do reclamante;

Pairando dúvida acerca do direito do reclamante, somente em juízo poderá ser decidido, devendo a autoridade de polícia judiciária militar encaminhar o eventual pedido pela parte interessada ao juízo competente, mantendo-se a coisa apreendida até decisão judicial.

4.3. MEDIDAS CAUTELARES QUE RECAEM SOBRE PESSOAS

Prisão provisória, segundo o art. 220 do CPPM, "é a que ocorre durante o inquérito, ou no curso do processo, antes da condenação definitiva".

Trataremos, neste tópico, das hipóteses mais comuns de restrição de liberdade, cuja espécie não se confunda com prisão-pena (aquela decorrente de condenação penal irrecorrível): *prisão preventiva, prisão temporária* e *Menagem*.

Outro tipo de restrição da liberdade do militar, *recolhimento disciplinar*, tem outra natureza e base de análise, será abordado em capítulo próprio.

No momento, iremos registrar breves comentários a respeito das citadas medidas cautelares que recaem sobre a liberdade dos militares.

4.3.1. Prisão preventiva

Prisão preventiva é uma das espécies de prisão provisória. É prisão cautelar de natureza processual, que restringe a liberdade individual, podendo ser decretada pelo juiz competente em qualquer fase do inquérito policial ou da instrução criminal, respeitados os requisitos legais.

Deve ser decretada pelo Juiz Auditor Corregedor da Justiça Militar, de ofício ou mediante representação da autoridade encarregada do inquérito policial militar, ou ainda mediante requerimento do Ministério Público, conforme – art. 8º, "d", do CPPM. Note-se que a autoridade militar competente para representação pela decretação da prisão preventiva é o encarregado do Inquérito Policial Militar, e não a autoridade originária, conforme art. 254 do CPPM.

136 | Manual de Polícia Judiciária Militar

O termo "representação" significa tão somente uma forma de expor formalmente determinados motivos da necessidade de decretação da prisão preventiva, dentro dos requisitos legais.

Ressalta-se que a Lei nº 12.403, de 4.5.2011, alterou dispositivos do Decreto-Lei nº 3.689/1941 (Código de Processo Penal), relativos à prisão processual, fiança, liberdade provisória, demais medidas cautelares. Porém, não foi alterado o Código de Processo Penal Militar, aumentando, assim, a distância dos sistema de prisão processual e liberdade provisória do Direito Processual Penal comum e o Direito Processual Penal Militar.[163]

4.3.1.1. Pressupostos

a) prova do fato delituoso: prova de existência do crime;

b) indícios suficientes de autoria.

Esses pressupostos são denominados de *"justa causa"* para a decretação da medida de exceção.

Não se aplica a prisão preventiva se o magistrado verificar pelas provas constantes dos autos que o agente praticou o fato sob excludente de antijuridicidade.

4.3.1.2. Fundamentos

Mas para a decretação da preventiva, além da justa causa, consubstanciada pela presença necessária dos pressupostos (prova da existência do crime e indício suficiente de autoria) é necessário que se "apresente o fator de risco

---

163. Interessante o registro do inconformismo de quem dedica-se ao Direito Militar: "mais uma vez, pela repudiável indiferença do legislador em relação ao crime militar e sua persecução, somos obrigados a analisar a norma posta e fazer alguns comentários (...). Esse descompasso, em grande monta, senão totalmente, deve-se a uma odiosa prática legislativa que costumeiramente idealiza soluções para lei penal comum, olvidando-se da lei penal militar" (NEVES, 2012a).

MEDIDAS CAUTELARES | 137

a justificar a efetividade da medida. As hipóteses de decretação da preventiva dão as razões para a deflagração da constrição à liberdade".[164]

Uma importante referência para a representação e decretação da medida cautelar restritiva da liberdade está no novo texto do art. 282 do CPP com alteração pela Lei nº 12.403/2011, que reformou o Título IX daquele Código, sem alterar o CPPM. Segundo o citado artigo, a prisão preventiva (e demais medidas cautelares) deve ser aplicada observando-se a:

a) necessidade para aplicação da lei penal, para a investigação ou instrução criminal e, nos casos expressamente previstos, para evitar a prática de infrações penais;

b) adequação da medida à gravidade do crime, circunstâncias de fato e condições pessoais do indiciado ou acusado.

Tratam-se de vetores interpretativos para a verificação da proporcionalidade da medida cautelar imposta e para a constatação de sua adequação, não sendo suficiente, por si só, para fundamentar a prisão preventiva.

Paralelamente aos vetores interpretativos, os arts. 254 e 255 do CPPM estabelecem os fundamentos da decretação da prisão preventiva (verdadeiro *periculum libertatis*):[165]

a) **Garantia da ordem pública:** apesar da amplitude do significado[166] da expressão "ordem pública", entende-se que objetiva impedir que o autor da infração penal militar, em liberdade, continue a delinquir. Para tanto, faz-se necessário que se comprove este ris-

---

164 TÁVORA; ALENCAR, 2012, p. 580.

165. O regramento da prisão preventiva, pressupostos de admissibilidade, do CPPM não acompanhou a evolução do CPP. Este foi substancialmente alterado, ao menos no aspecto prisões e medidas cautelares, pela Lei nº 12.403/2011. As alterações imprimiram maior garantia aos direitos individuais, bem como harmonizaram o sistema processual penal às normas constitucionais, compatibilizando-se com o princípio da presunção de inocência, e destacando a excepcionalidade da medida preventiva restritiva da liberdade de locomoção, afastando ou mitigando, o estigma do encarceramento cautelar. A respeito do estigma, indica-se importante obra de referência: GOFFMAN, 1998.

166. Segundo Fernando da Costa Tourinho Filho (2003, p. 510), "quando se decreta a prisão preventiva como 'garantia da ordem pública', o encarceramento provisório não tem o menor caráter cautelar. É um rematado abuso de autoridade e de indisfarçável ofensa à nossa Lei Magna, mesmo porque a expressão 'ordem publica' diz tudo e não diz nada".

co[167] (já citado *periculum libertatis*), que se indique as bases desse risco à tranquilidade e paz no seio social advinda da liberdade do indivíduo.[168]

b) **Conveniência da instrução criminal:** objetiva evitar que o autor dificulte a produção de provas, ameaçando testemunhas, destruindo ou inutilizando provas etc. Se houver fundadas razões para crer que o indiciado, ou acusado, comprometerá de qualquer maneira a instrução criminal, essa deve ser tutelada por meio da decretação da prisão preventiva.

c) **Periculosidade do indiciado ou acusado:** a prisão preventiva pode ser decretada em face da periculosidade. Essa, segundo entendimento do STF, pode ser demonstrada pela gravidade e violência do crime, ainda que primário o agente. Pode ainda ser evidenciada pelas circunstâncias em que o crime foi cometido.

d) **Assegurar a aplicação da lei penal militar:** impede que o autor da infração penal militar empreenda fuga, inviabilizando a provável execução da pena. A decretação da prisão preventiva baseada neste fundamento deve vir acompanhada da demonstração fundada

e) **Exigência de manutenção das normas ou princípios de hierarquia e disciplinas militares, quando ficarem ameaçados ou atingidos com a liberdade do indiciado ou acusado:** assim como "garantia da ordem pública", a expressão "manutenção das normas" é excessivamente ampla, não condizente com aplicação

---

167. Segundo Nestor Távora e Rosmar Rodrigues Alencar (2012, p. 581), "é necessário que se comprove este risco. As expressões usuais, porém evasivas, sem nenhuma demonstração probatória, de que o indivíduo é um criminoso contumaz, possuidor de personalidade voltada para o crime etc., não se prestam, sem verificação, a autorizar o encarceramento".

168. Segundo o STF, "o estado de comoção social e de eventual indignação popolar, motivado pela repercussão da prática da infração penal, não pode justificar, só por si, a decretação da prisão cautelar do suposto autor do comportamento delituoso, sob pena de completa e grave aniquilação do postulado fundamental da liberdade. O clamor público – precisamente por não constituir causa legal de justificação da prisão processual (CPP, art. 312) – não se qualifica como fator de legitimação da prisão cautelar da liberdade do indiciado ou do réu não sendo lícito pretender-se, nessa matéria, por incabível, a aplicação analógica de que se contém no art. 323, V, do CPP, que concerne, exclusivamente, ao tema da fiança criminal" (HC 80.719/SP, rel. Min. Celso de Mello, *DJU* de 28.9.2001).

de medida excepcional de restrição de liberdade de indivíduo não condenado. A proteção aos princípios de hierarquia e disciplinas militares é base da própria razão de existir da maioria dos tipos penais incriminadores do CPM, em tese, atingidos quando do cometimento da infração penal. Portanto, qualquer suposto autor de crime militar, atinge a disciplina e hierarquia, em maior ou menor grau, o que não justifica, por si só, a decretação de prisão preventiva fundamentada em imprecisa e ampla figura que atenta contra o princípio da presunção de inocência. Diferente é a situação em que a liberdade do indiciado, ou acusado, atente contra a instrução criminal ou sua periculosidade (essa sim afetando a disciplina e hierarquia militar) indique a necessidade da medida cautelar.

4.3.1.3. Apresentação espontânea

A apresentação espontânea pode trazer certa confusão para o encarregado dos feitos iniciais relativos ao registro ou investigação de infração penal militar. A tendência é interpretar o *termo apresentação espontânea* no sentido gramatical e não jurídico.

Em termos jurídicos *apresentação espontânea* nada mais é que o ato de apresentar-se, ou o comparecimento, perante autoridade policial ou judicial, de maneira livre e consciente (espontaneamente) confessando autoria ignorada, ou imputada a outrem, de infração penal. Segundo o art. 262 do CPPM, não impede a decretação da Prisão Preventiva.

O tema será melhor abordado no estudo da prisão em flagrante.

4.3.1.4. Desnecessidade

Segundo o art. 257 do CPPM, deixará de ser decretada a prisão preventiva quando, por algumas das circunstâncias elencadas em seu *caput*, o juiz presumir que:

a) o autor não fuja;

b) nem exerça influência em testemunha ou perito,

c) nem impeça ou perturbe a ação da justiça.

140 | MANUAL DE POLÍCIA JUDICIÁRIA MILITAR

4.3.2. Prisão temporária

Regulada pela Lei nº 7.960/1989, é ato de privação da liberdade por meio de prisão cautelar, de cunho processual, quando imprescindível para as investigações do inquérito policial relacionado com crimes elencados pela Lei (todos considerados socialmente graves), ou nas demais hipóteses estabelecidas em seu art. 1º.

> Art. 1º. Caberá prisão temporária:
>
> I – quando imprescindível para as investigações do inquérito policial;
>
> II – quando o indicado não tiver residência fixa ou não fornecer elementos necessários ao esclarecimento de sua identidade;
>
> III – quando houver fundadas razões, de acordo com qualquer prova admitida na legislação penal, de autoria ou participação do indiciado nos seguintes crimes: (...)

Desde já registre-se que há divergência quanto ao cabimento da prisão temporária, regulada pela Lei nº 7.960/1989, no âmbito da Justiça Militar, e consequentemente, passível de representação pela decretação por parte do encarregado de IPM. Assim, é apresentado o tema de forma a permitir o esclarecimento e subsidiar a adoção de posição por parte do leitor, conforme segue.

4.3.2.1. Fundamentos

Pode ser decretada nos casos estabelecidos no art. 1º da Lei nº 7.960/1989.

Apesar da divergência doutrinária, entendemos que a prisão temporária só pode ser decretada quando da ocorrência de um dos crimes estabelecidos no art. 1º, inciso III, e, concomitantemente a esse requisito (rol de crimes que possibilitam a prisão temporária), ao menos um dos outros requisitos fundamentais (incisos I ou II).

Assim, se adotado tal posicionamento, serão requisitos fundamentais para cabimento de prisão temporária o disposto no quadro 10 (ver página 141).

Quadro 10 – Requisitos fundamentais para cabimento de prisão temporária

Quando houver fundadas razões de autoria ou participação do indiciado nos crimes do inciso III.	**E**	Quando imprescindível para as investigações do inquérito policial.
OU		**OU**
Quando houver fundadas razões de autoria ou participação do indiciado nos crimes do inciso III.	**E**	Quando o indicado não tiver residência fixa ou não fornecer elementos necessários ao esclarecimento de sua identidade.

O rol do art. 1º, inciso III, da Lei nº 7.960/1989 refere-se ao Código Penal (Decreto nº 2.848/1940 e suas alterações) e a legislação penal especial (Genocídio, Tráfico de drogas etc.) e não ao Código Penal Militar.

Ocorre que há correlação com o CPM (Decreto-Lei nº 1.001/1969), conforme o disposto no quadro 11 (ver página 142), o que pode gerar inúmeros equívocos que devem ser elucidados.

Entendemos que apesar de a citada correspondência dos tipos penais entre o Código Penal e Código Penal Militar não deve ser aplicada a prisão temporária – estabelecida pela Lei nº 7.960/1989 – aos crimes militares pois a citada norma legal especifica os dispositivos legais e não a conduta descrita no preceito primário do tipo.

Portanto, seguido tal entendimento, não se aplica[169] o quadro 11, meramente exemplificativo, aos crimes militares. Assim não cabe representação, pelo encarregado do IPM ou autoridade de polícia judiciária militar, por sua decretação pela Justiça Militar Estadual ou Federal.

---

169. Célio Lobão (2009, p. 308) faz o seguinte comentário: "a prisão provisória prevista no art. 220 do CPPM antecipou-se à prisão temporária instituída pela Lei nº 7.960/1989, que, no entanto, não se aplica à Justiça Militar, tendo em vista que no art. 1º, inciso III, vêm especificados os dispositivos penais, cuja infração autoriza a aplicação da medida coercitiva. Nenhum deles é crime militar, como previsto na Parte Especial do COM, combinado com o art. 9º do mesmo diploma repressivo. Nos termos do art. 220, citado, a medida coercitiva temporária 'ocorre durante o inquérito, ou no curso do processo, antes da condenação definitiva', enunciado que se ajusta à prisão preventiva. Tem natureza cautelar e deve observar, rigorosamente, a necessidade de sua imposição e duração".

142 | MANUAL DE POLÍCIA JUDICIÁRIA MILITAR

Quadro 11 – Crimes passíveis de prisão temporária: comparativo com crimes militares

Art. 1º, inciso III, da Lei nº 7.960/1989	Correlação com CPM
a) homicídio doloso (art. 121, *caput*, e § 2º);	art. 205, § 2º
b) sequestro ou cárcere privado (art. 148, *caput*, e §§ 1º e 2º);	art. 225
c) roubo (art. 157, *caput*, e §§ 1º, 2º e 3º);	art. 242
d) extorsão (art. 158, *caput*, e §§ 1º e 2º);	art. 243
e) extorsão mediante sequestro (art. 159, *caput*, e §§ 1º, 2º e 3º);	art. 244
f) estupro (art. 213);	art. 232
g) atentado violento ao pudor (art. 214 – revogado)[170]	art. 233
h) rapto violento (art. 219 – revogado)[171]	apenas em tempo de guerra (art. 407)
i) epidemia com resultado de morte (art. 267, § 1º);	art. 292, § 1º
j) envenenamento de água potável ou substância alimentícia ou medicinal qualificado pela morte (art. 270, *caput*, combinado com art. 285);	art. 293, § 2º
l) quadrilha ou bando (art. 288)	
m) genocídio (arts. 1º a 3º – Lei nº 2.889/1956), em qualquer de sua formas típicas;	art. 208
n) tráfico de drogas [172]	art. 290

---

170. Em decorrência das alterações do Código Penal dadas pela Lei nº 12.015/2009, o crime do art. 214, atentado violento ao pudor, foi revogado, sendo seu fato típico inserido, ou absorvido, no preceito primário do art. 213.

171. Anteriormente à sua revogação, o art. 219 estabelecia o crime de "rapto violento". Tal tipo penal não mais subsiste no sistema penal brasileiro (exceto no Código Penal Militar – art. 407).

172. A legislação anterior, Lei nº 6.369/1976 estabelecia em seu art. 12 o tráfico de drogas, tendo sido revogada. Hoje a Lei nº 11.343/2006 é que define os crimes relacionados.

Tratando-se de prisão provisória, aplica-se, aos crimes militares, o art. 220 do CPPM e correlatos.

> Art. 220. Prisão provisória é a que ocorre durante o inquérito, ou no curso do processo, antes da condenação definitiva.

Conforme Célio Lobão[173] escrevendo a respeito da prisão provisória estabelecida no art. 220 do CPPM, "não se confunde com a prisão preventiva, por se tratar de medida em que a brevidade de sua permanência assume relevância. A lei silencia a respeito da duração da prisão provisória, mas é de aplicar-se o disposto no art. 18 do CPPM, isto é, o máximo de 30 dias, prorrogáveis por mais 20 dias". Continua o autor: "a prisão provisória do militar, decretada pela autoridade da polícia judiciária castrense, nos crimes propriamente militares, poderá ser revogada a qualquer momento, pela autoridade que a determinou ou pelo Juiz".

Importante observar que o art. 5º, LXI, da CF autoriza a autoridade de polícia judiciária militar apenas determinar a prisão do militar nos crimes propriamente militares.[174]

Registre-se que há divergência com relação à nossa compreensão da matéria quanto à impossibilidade de aplicação da Lei nº 7.960/1989. Exemplificativamente, a Polícia Militar do Estado de Mato Grosso,[175] entende aplicável a prisão temporária no curso do inquérito policial militar. Há precedentes na Justiça Militar Estadual no Estado de São Paulo,[176] na 1ª e 2ª Câmaras, con-

---

173. LOBÃO, 2009, p. 309.

174. Nesse sentido, lembrança estabelecida também por Célio Lobão (Ibid., p. 311).

175. Visão institucional formalizada por meio do *Manual Técnico de Inquérito Policial Militar*, aprovado, e determina a adoção pela Polícia Militar do Estado de Mato Grosso por meio da Portaria nº 217/GCG/PMMT/09 de 16.10.2009 (Mato Grosso. PMMT. Corregedoria Geral da PMMT. *Manual Técnico de Inquérito Policial Militar*. Cuiabá: PMMT, 2009). Aquele manual, após registrar a opinião de Célio Lobão, estabelece que o respeitável entendimento corroborado pela Corregedoria Geral da PMMT fundamenta-se no sentido da aplicação à Justiça Militar, contrariamente a nossa visão.

176. Alguns julgados do Tribunal de Justiça Militar do Estado de São Paulo apontam o entendimento do cabimento da decretação da prisão temporária no âmbito da Justiça Militar Estadual (acórdão 1ª Câmara, TJMSP, HC nº 2189/10, Rel. Juiz Militar Fernando Pereira; 2ª Câmara, TJMSP, HC 2103/09, Rel. Juiz Militar Orlando Eduardo Geraldi).

siderando perfeitamente aplicável a prisão temporária no âmbito da Justiça Militar, sobretudo nos casos avaliados que orbitam em torno do crime de homicídio. Entendemos que, sendo acolhida tal posição, a que somos contrários, é cabível tal prisão provisória nos crimes militares que tenham a mesma natureza dos elencados na Lei de Prisão Temporária, conforme quadro anteriormente apresentado.

4.3.2.2. Procedimentos e prazo

A prisão temporária, nas hipóteses legais cabíveis, será decretada pelo juiz nos mesmos moldes da prisão preventiva, ficando o preso, em regra, sob medida cautelar pelo prazo de 5 (cinco) dias, podendo ser prorrogado por igual período. Lembrando que a prisão temporária estabelecida pela Lei nº 7.960/1989, segundo apontado anteriormente, não se aplica aos crimes militares.

4.3.3. Formalidades da prisão temporária ou preventiva

A representação pela decretação de prisão temporária ou preventiva deve conter:[177]

a) narração sucinta do fato, em tese criminoso, e as principais provas colhidas até o momento da representação que fundamente essa versão;

b) argumentos com sustentação em fatos que dão por imprescindíveis a decretação da medida restritiva de liberdade (considerada extrema), também acompanhada de devida prova;

c) em caso de pedido de prorrogação de medida, os motivos de sua necessidade, sempre fundamentados nos fatos ou circunstâncias constantes dos autos.

---

177. No mesmo sentido, apresentado, há normatização dos pedidos de prisão preventiva e temporária pelo TJM-SP (Ofício da Corregedoria da Polícia Judiciária Militar nº 486/95).

4.3.4. Menagem

4.3.4.1. Menagem e o encarregado do IPM

Denominada por alguns de "prisão sem rigor", é modalidade de custódia cautelar.

Detenção de indiciado

Art. 18. Independentemente de flagrante delito, o indiciado poderá ficar detido, durante as investigações policiais, até trinta dias, comunicando-se a detenção à autoridade judiciária competente. Esse prazo poderá ser prorrogado, por mais vinte dias, pelo comandante da Região, Distrito Naval ou Zona Aérea, mediante solicitação fundamentada do encarregado do inquérito e por via hierárquica.

Prisão preventiva e menagem. Solicitação

Parágrafo único. Se entender necessário, o encarregado do inquérito solicitará, dentro do mesmo prazo ou sua prorrogação, justificando-a, a decretação da prisão preventiva ou de menagem, do indiciado.

Nas palavras de Jorge Cesar de Assis,[178] estabelecendo a natureza da detenção preconizada no art. 18 do CPPM:

> É, portanto, uma custódia excepcional, melhor dizendo, uma *detenção cautelar*, e não *prisão cautelar* como a ela se referiu José da Silva Loureiro Neto (1992:04), visto que o termo legal se refere à detenção.
>
> Com o advento da Carta de 1988 tal dispositivo restou mitigado pelo art. 5º, inciso LXI, quando assevera que ninguém será preso senão em flagrante delito ou por ordem escrita e fundamentada da autoridade judiciária competente, salvo nos casos de transgressão disciplinar ou **crime propriamente militar, definidos em lei** (grifei).
>
> Bem por isso, atualmente, o encarregado do IPM só poderá aplicar a detenção cautelar em casos de crimes militares próprios (ou puros), que são aqueles que só estão previstos no Código Penal Militar, em seu art. 9º, inciso I, *v. g., crimes contra a autoridade ou disciplina militar, contra o serviço militar e o dever militar.* Da mesma forma, entendemos que a detenção cautelar não

---

178. ASSIS, 2006, p. 56.

sofre os limites do art. 20 (*prazos para terminação do inquérito*) deste Código, já que é a própria Constituição Federal que ressalva a prisão decorrente dos crimes militares próprios (art. 5º, LXI).

Conforme Eliezer Pereira Martins,[179] "o termo menagem deriva por aférese da expressão Homenagem, com o exato sentido de privilégio ao militar, desde que preenchidos os requisitos. Verifica-se então que é uma medida menos drástica para assegurar a feitura do IPM em relação à decretação de prisão preventiva".

Citando Márcio Luís Chila Freyesleben, Jorge Cesar de Assis[180] registra que "afirma o autor mineiro que a prisão para averiguação, nos moldes do art. 18 do CPPM, poderá ser decretada sempre que o encarregado do IPM se deparar com certas situações em que a custódia do indiciado surja como uma necessidade inafastável à investigação policial-militar; sempre que se lhe afigurar a necessidade inelutável de agir rapidamente, de impedir que o indiciado destrua vestígios do crime ou desvirtue a prova e ainda a evitar-lhe a fuga ou ocultação; sempre que se lhe revele útil à conveniência de proteger a liberdade individual contra o arbítrio e a prepotência do indiciado".

Salienta, ainda, o mesmo autor que o encarregado deverá motivar seu despacho apontando o fato gerador da menagem e o dispositivo legal adequado, além de expor os motivos que o levaram à adoção da medida.

A menagem decretada por meio de despacho fundamentado nos autos, pelo encarregado de Inquérito Policial Militar, é ato administrativo, necessitando cumprir seus requisitos e formalidades, entre eles a motivação, podendo ser aplicada independentemente de decisão judicial apenas na hipótese do crime de insubmissão,[181] nos demais casos deve-se cumprir o parágrafo único do art. 18 – solicitar sua decretação.

Dando entendimento distinto, registra Célio Lobão[182] que "a menagem é liberdade provisória sob condição, de natureza processual penal militar. Consiste na permanência do indiciado ou acusado, por decisão judicial, em determinado local, podendo ser o estabelecimento militar, uma cidade,

---

179. MARTINS; CAPANO, 1996, p. 44.

180. ASSIS, 2006, p. 56.

181. ROTH, 2004, p. 165.

182. LOBÃO, 2009, p. 338.

a própria residência do beneficiado etc. (...) A menagem assume o caráter de substitutiva da prisão provisória. A menagem judicial é concedida ao indiciado ou ao acusado, pelo Juiz ou pelo Conselho de Justiça. Ao contrário do que se afirma, a menagem não se identifica com a prisão provisória, trata-se de liberdade provisória com restrição, concedida por decisão judicial ou por disposição legal, esta última somente no crime de insubmissão". Tratou Célio Lobão da menagem judicial, art. 263 e seguintes do CPPM, e da menagem legal, art. 464 do CPPM – insubmissão.

Nos elucida a divergência e dualidade da natureza da menagem, ou de sua aplicação, Ronaldo João Roth:[183] "Diante das peculiaridades que defluem daquela medida, entendo, todavia, que a menagem é um instituto de direito processual penal de dupla natureza jurídica: a uma, é prisão provisória, sem os rigores do cárcere, que se assemelha a prisão especial e que prefiro denominar menagem-prisão; a duas, é modalidade de liberdade provisória que guarda estreita relação co a fiança do direito comum e que, por isso, prefiro denominar menagem-liberdade. O seu caráter de provisoriedade é definido pela Lei que permite a sua aplicação até a prolação da sentença condenatória transitada em julgado (interpretação do art. 267 do CPPM, c/c art. 5º, LVII, da CF)."

Continua o autor "a aplicação da menagem é um ato judicial, ressalvado o caso de insubmisso, em que o legislador deixou sua aplicação, de maneira vinculada, à autoridade militar".[184]

4.3.4.2. Menagem e a Autoridade Judiciária

Além da hipótese de decretação da Menagem pelo próprio encarregado do IPM (para crimes militares próprios), tem-se o mesmo instituto decretado pela autoridade judiciária. Nesse caso, pode incidir sobre o suposto autor de crimes impropriamente militares, sem gerar qualquer contrariedade a norma constitucional pois emana de autoridade judiciária competente.

Importante o estudo do texto legal do Código de Processo Penal Militar referente a menagem (arts. 263 a 269).

---

183. ROTH, 2004, p. 146.
184. Ibid., p. 171.

148 | Manual de Polícia Judiciária Militar

4.3.4.3. Inaplicabilidade

A menagem tem sido muito pouco aplicada no âmbito das atribuições de polícia judiciária militar, por seu menor rigor e pouco efeito prático no decorrer do IPM, maior efetividade para a investigação de um pedido de decretação de prisão preventiva, desconhecimento do encarregado, ou outro motivo qualquer.

De qualquer forma, há hipótese óbvia, *contra legem*, de inaplicabilidade da menagem: quando não for voltada à investigação policial militar de crime militar próprio (art. 18 do CPPM c/c art. 5º, inciso LXI, da CF).

Observa Jorge César de Assis[185] que "o encarregado do IPM que aplicar a detenção cautelar em casos de crimes militares impróprios (homicídio ou roubo, por exemplo) incorrerá em abuso de autoridade (art. 4º, alínea 'a', da Lei nº 4.898/1965 – *ordenar ou executar medida privativa de liberdade individual, sem as formalidades legais ou com abuso de poder)".*

4.4. MEDIDAS CAUTELARES ASSECURATÓRIAS DE DIREITOS[186]

Quanto às medidas cautelares assecuratórias de direitos, citamos, exemplificativamente, as seguintes:

4.4.1. Reconhecimento de pessoas ou coisas

Reconhecer pessoas e coisas é examinar, observar, ou ter como certa, uma pessoa ou coisa, que já tenha sido vista anteriormente pelo reconhecedor.[187]

---

185. ASSIS, 2006, p. 56.

186. O título inicialmente elaborado foi "medidas cautelares auxiliares da instrução criminal", porém acabamos por encampar a terminologia utilizada no Manual de Polícia Judiciária (2006a, p. 62), pois esse nos pareceu ser mais claro e usual.

187. Neste sentido, ver SILVA (2002, p. 204).

Nos moldes dos arts. 368 a 370 do CPPM (e, analogamente, nos arts. 226 a 228 do CPP), havendo necessidade de se fazer o reconhecimento de pessoa e coisas, o procedimento a ser seguido deverá ser o indicado nos citados artigos.

Destaca-se, no reconhecimento de pessoas e coisas, além das formalidades legais e administrativas (forma correta do Auto de Reconhecimento), a necessidade imperiosa de garantir os direitos da pessoa submetida a reconhecimento, sem constrangimento desnecessário nem abuso do direito de submetê-lo.

Com base no art. 368, alínea "c", do CPPM combinado com a ressalva do § 1º, é cabível no Inquérito Policial Militar, e altamente aconselhável, fazer o reconhecimento pessoal de forma que a pessoa chamada para proceder ao reconhecimento não seja vista pela pessoa a ser reconhecida.

O reconhecimento de pessoa é fonte de possível abuso de autoridade se não forem cumpridos os requisitos exigidos pela lei, merecendo atenção o respeito aos direitos individuais da pessoa submetida a tal reconhecimento. Lembramos que essa é suspeita, ou indiciada, porém pairam nesta fase (inquérito policial) apenas indícios, não havendo condenação, portanto o reconhecido é inocente até trânsito em julgado da sentença condenatória.

4.4.2. Reprodução simulada dos fatos

Também chamada de reconstituição simulada dos fatos (art. 13, parágrafo único, do CPPM), é o procedimento apto a verificar a possibilidade de haver sido a infração praticada de determinado modo. Sendo assim, o encarregado do inquérito poderá proceder à reprodução simulada dos fatos, desde que esta não contrarie a moralidade ou a ordem pública, nem atente contra a hierarquia ou a disciplina militar.

Instrumento de possível esclarecimento de detalhes da infração penal objeto de investigação, requer grande planejamento e experiência para sua consecução eficiente. Faz-se necessário registro detalhado dos atos reconstituídos, devendo o encarregado do Inquérito Policial Militar, autoridade de polícia judiciária militar responsável pela reprodução, utilizar-se dos meios mais eficientes possíveis para tal mister. Sugerimos a filmagem, fotografias,

150 | MANUAL DE POLÍCIA JUDICIÁRIA MILITAR

croquis etc., bem como o estudo da possibilidade de solicitação de concurso do órgão oficial responsável pelas atividades de polícia técnico científica (no Estado de São Paulo: Superintendência de Polícia Técnico Científica), por meio de seu departamento ou divisão específico para tal fim.

Há quem defenda ser a reprodução simulada dos fatos uma modalidade de perícia. Discordamos dessa posição, pois, de maneira bastante sucinta: o art. 13, parágrafo único, do CPPM registra que o encarregado do IPM "poderá proceder à reprodução", não se referindo a requisitar ou solicitar perícia, e o texto do art. 7º do CPP é bastante semelhante; o Manual de Orientação para Requisição de Exames Periciais editado pelo Instituto de Criminalística de São Paulo não especifica como exame pericial daquele órgão, sequer analisando-o.[188]

---

188. No mesmo sentido (de não ser perícia), ver Polícia Civil do Estado de São Paulo (2006a, p. 64-5).

5

AUTO DE PRISÃO
EM FLAGRANTE DELITO

5.1. INTRODUÇÃO

Prisão é a privação da liberdade, restringindo o direito de ir e vir, por meio do recolhimento e uma pessoa ao cárcere.[189]

Conforme Guilherme de Souza Nucci:[190]

> Flagrante significa tanto o que é manifesto ou evidente, quanto o ato que se pode observar no exato momento em que ocorre. Neste sentido, pois, prisão em flagrante é a modalidade de prisão cautelar, de natureza administrativa, realizada no instante em que se desenvolve ou termina de se concluir a infração penal (crime ou contravenção penal).

A natureza jurídica da prisão em flagrante é de medida cautelar de segregação provisória do autor da infração penal. Assim, exige-se apenas a aparência da tipicidade, não se exigindo nenhuma valoração sobre a ilicitude e a culpabilidade, outros dois requisitos para a configuração do crime. É a tipicidade o *fomus boni juris* (fumaça do bom direito).

O termo "prisão", *lato sensu*, compreende aquela restrição da liberdade decorrente de condenação irrecorrível (regulada pelo Código Penal e Lei de Execução Penal), e a processual cautelar, cujas principais espécies[191] são: (a) prisão em flagrante, (b) prisão temporária, (c) prisão preventiva.

---

189. NUCCI, 2005a, p. 518.

190. Ibid., p. 531.

191. Citamos apenas as espécies que serão analisadas nesta obra, porém, ressaltamos que outras existem como: prisão em decorrência de pronúncia, prisão em decorrência de sentença condenatória recorrível. Nucci (Ibid., p.518) ainda cita a "condução coercitiva de réu, vítima, testemunha, perito ou outra pessoa que se recuse, injustificadamente, a comparecer em juízo ou na polícia".

152 | MANUAL DE POLÍCIA JUDICIÁRIA MILITAR

A prisão em flagrante delito do militar, por infração penal de natureza militar, é regulado pelos arts. 244 e seguintes do CPPM.

Diferentemente do APFD relativo a crime comum, que é uma das formas de instauração de Inquérito Policial, quando relativo a crime militar, o APFD poderá dispensar o Inquérito Policial Militar (arts. 27 e 28 do CPPM). Ainda, conforme Guilherme de Souza Nucci,[192] "registre-se que a prisão em flagrante é uma exceção à regra da necessidade de existência de ordem escrita e fundamentada de autoridade judiciária para a detenção de alguém. Por isso, é preciso respeitar, fielmente, os requisitos formais para a lavratura do auto, que está substituindo o mandado de prisão expedido pelo juiz".

O Tribunal de Justiça Militar do Estado de São Paulo no caso de APFD, por meio do Provimento nº 02/2005 – CGer/TJM-SP registra em seu art. 1º:

> São competentes para a lavratura do auto de prisão em flagrante delito, de acordo com o previsto no art. 245 do Código de Processo Penal Militar, o Comandante, o Oficial de dia, o Oficial de serviço ou autoridade correspondente.

5.2. APFD: REQUISITOS, VEDAÇÕES E COMPETÊNCIAS

O art. 244 do CPPM considera em flagrante delito aquele que:

a) está cometendo o crime (flagrante próprio ou perfeito);

b) acaba de cometê-lo (flagrante próprio ou perfeito);

c) é perseguido logo após[193] o fato delituoso em situação que faça acreditar ser ele o seu autor (flagrante impróprio ou imperfeito);

d) é encontrado, logo depois,[194] com instrumentos, objetos, material ou papéis que façam presumir a sua participação no fato delituoso (flagrante presumido).

---

192. NUCCI, 2005a, p. 540.

193. "Logo após", nas palavras de Guilherme de Souza Nucci (Ibid., p. 534), "demonstra que a perseguição deve iniciar-se em ato contínuo à execução do delito, sem intervalos longos, demonstrativos de falta de pistas", devendo ser a "perseguição" imediata e ininterrupta.

194. "Logo depois", tem sido entendido como um período mais dilatado de tempo em relação ao momento do cometimento da infração penal. O lapso temporal é mais dilatado do que aquele indicado pelo "logo após".

As situações elencadas pelo art. 244 do CPPM são suficientes para a verificação do estado de flagrância em relação ao cometimento do crime, porém insuficientes, por si só, para a elaboração do APFD e encarceramento do militar.

Nas palavras de MORAES,[195] "este requisito, apesar de ser o mais explícito no texto legal sobre o assunto, não é o único a ser considerado, devendo a autoridade de Polícia Judiciária Militar estar atenta para a presença dos demais elementos que devem ser conjugados na prisão em flagrante. Não se pode esquecer que a prisão em flagrante apresenta os mesmos pressupostos da prisão preventiva, ou seja, prova do fato delituoso e indícios suficientes de autoria (art. 254 do CPPM)".

Em resumo, transcrevemos a seguir os requisitos, elencando todos os elementos a serem conjugados para a lavratura do APFD, dentro de uma visão "garantista" do direito penal, na qual são ampliadas as bases de análise.

Referente a ampliação dos requisitos para o auto de prisão em flagrante delito, tem-se a opinião de Fernando da Costa Tourinho Filho[196] no sentido de que: "Inegável, pois, o caráter cautelar da prisão em flagrante, desde que necessária para assegurar a consecução dos fins do processo. Por outro lado, a prisão em flagrante, como toda e qualquer prisão provisória, só se justifica se tiver um caráter cautelar; do contrário, haverá desrespeito à Constituição Federal. E essa cautelaridade existirá tão somente quanto estiver presente uma das circunstâncias que autorizam a prisão preventiva, na dicção do parágrafo único do art. 310 do CPP. E assim, mesmo ainda fazemos restrição: as circunstâncias que autorizam a prisão preventiva consistentes em 'garantia da ordem pública' e 'garantia da ordem econômica' não asseguram a consecução dos fins do processo e, portanto, não apresentam caráter cautelar, não se pode, sob pena de violência, manter alguém preso em flagrante sob o argumento de ser a segregação necessária para a 'garantia da ordem pública' ou da 'ordem econômica.'"

---

195. MORAES, 2003, p. 117.

196. TOURINHO FILHO, 2006, p. 599.

154 | MANUAL DE POLÍCIA JUDICIÁRIA MILITAR

5.2.1. Requisitos para APFD

Feitas as considerações anteriores, conforme a amplitude adotada quanto aos requisitos da prisão preventiva, teremos, somados à condição de flagrância do art. 244 do CPPM: [197]

Quadro 12 – Prisão em flagrante: requisitos

	Requisitos mínimos	Requisitos ampliados
1	Materialidade[198] e Tipicidade (*fumus boni juris*) – art. 254, "a", do CPPM	Materialidade e Tipicidade (*fumus boni juris*) – art. 254, "a", do CPPM
2	Autoria conhecida (individualização) – art. 9º do CPM c/c art. 254, "b", do CPPM	Autoria conhecida (individualização) – art. 9º do CPM c/c art. 254, "b", do CPPM
3	Estar em uma das hipóteses do art. 244 do CPPM	Estar em uma das hipóteses do art. 244 do CPPM
4	———	Art. 255 do CPPM

197. A doutrina estabelece diferentes requisitos para a prisão em flagrante, podendo ser dividida em mínimos e ampliados. Requisitos mínimos: aqueles que a maioria da doutrina nacional considera como essenciais para a prisão em flagrante, qual seja, exclusivamente os indícios de autoria e materialidade em consonância com as condições do art. 244 do CPPM. Requisitos ampliados: os requisitos mínimos (art. 244 do CPPM) acrescidos dos requisitos da prisão preventiva (art. 255 do CPPM), pois a prisão em flagrante tem natureza cautelar portanto se faz necessário a análise dos requisitos elencados para a concessão de prisão preventiva.

198. Importante ressaltar comentário de MORAES ao referir-se ao crime de Falsificação de Documento (art. 311 do CPM), citando que "o exame de corpo de delito (perícia documentoscópica) é não somente obrigatório (art. 328 do CPPM), mas essencial para a apreciação da existência do crime. Ocorre, contudo, que tal exame é extremamente especializado e demorado, o que, na prática, acarreta a total impossibilidade de imediata juntada aos autos do flagrante do laudo pericial. (...) tal situação inviabiliza, em termos práticos, a realização da prisão em flagrante delito, salvo se for possível a juntada nos autos de provas que indiquem a ocorrência da infração penal militar, no prazo de 5 dias previstos no art. 251 do CPPM."

Após a alteração do Código de Processo Penal (pela Lei nº 12.403, de 2011), tornou-se inviável didaticamente estabelecer comparativo entre o CPP e CPPM quanto aos requisitos da Prisão Preventiva.[199]

5.2.2. Vedações ao APFD

Além dos requisitos que sustentam a prisão em flagrante delito elencados no quadro 12, conforme a amplitude considerada pela autoridade de polícia que analisar a situação fática, deve-se atentar para as hipóteses em que há vedação legal para sua lavratura: 1) se houver excludente de ilicitude; 2) vedações do art. 281 do CPM; 3) casos de liberdade provisória.

1) se houver excludente de ilicitude:

Na hipótese de se verificar a existência de indícios de excludente de ilicitude há basicamente duas posturas a serem tomadas: a primeira, de cunho mais restrito, na qual o entendimento pauta-se pela impossibilidade da análise prévia da excludente de ilicitude por parte da autoridade policial, acarreta a não consideração dessa como impeditiva da lavratura do autor de prisão em flagrante delito; em contra partida, se entendido que é possível tal análise prévia em favor do agente, mantendo o *status libertatis* como regra, pode a referida autoridade fazer uma análise prévia dos fatos e principalmente provas colhidas nas diligências iniciais e considerar tais indícios de excludente de ilicitude como critério suficiente para a vedação do APFD.[200]

Art. 42. Não há crime quando o agente pratica o fato:

I – em estado de necessidade;

II – em legítima defesa;

III – em estrito cumprimento do dever legal;

IV – em exercício regular de direito.

---

199. Tal comparativo presta-se, atualmente, tão somente para fins de estudo específico das distinções da prisão preventiva comum e militar e não para efeitos de ampliação de requisitos da prisão em flagrante.

200. Essa última postura fundamenta-se no art. 42 do CPM – excludente de ilicitude (art. 23 do CP).

156 | MANUAL DE POLÍCIA JUDICIÁRIA MILITAR

2) vedação do art. 281 (art. 281, parágrafo único, do CPM)[201]

Fuga após acidente de trânsito

Art. 281. Causar, na direção de veículo motorizado, sob administração militar, ainda que sem culpa, acidente de trânsito, de que resulte dano pessoal, e, em seguida, afastar-se do local, sem prestar socorro à vítima que dele necessite:

Pena – detenção, de seis meses a um ano, sem prejuízo das cominadas nos arts. 206 e 210.

Isenção de prisão em flagrante

Parágrafo único. Se o agente se abstém de fugir e, na medida que as circunstâncias o permitam, presta ou providencia para que seja prestado socorro à vítima, fica isento de prisão em flagrante.

3) hipótese de liberdade provisória[202] *(art. 270 do CPPM).*

Casos de liberdade provisória

Art. 270. O indiciado ou acusado livrar-se-á solto no caso de infração a que não for cominada pena privativa de liberdade.

Parágrafo único. Poderá livrar-se solto:

a) no caso de infração culposa, salvo se compreendida entre as previstas no Livro I, Título I, da Parte Especial, do Código Penal Militar;

b) no caso de infração punida com pena de detenção não superior a dois anos, salvo as previstas nos art. 157, 160, 161, 162, 163, 164, 166, 173, 176, 177, 178, 187, 192, 235, 299 e 302, todos do Código Penal Militar.

4) Comparecimento espontâneo

Comparecimento espontâneo é aquele em que o autor de um crime apresenta-se, confessando a autoria (art. 262 do CPPM) da infração penal

---

201. Caso de acidente de trânsito, em que o condutor não empreende fuga nem deixa de prestar socorro.

202. Se após a condenação irrecorrível não cabe a privação de liberdade, considerando pena abstratamente cominada no Código Penal Militar, não se pode falar em restrição da liberdade antes mesmo da apreciação judicial, ou seja, prisão em flagrante. Interpretação distinta, a nossa ver, afronta o princípio da proporcionalidade.

até então desconhecida pela autoridade, ou cuja autoria era imputada a outrem.[203] Vale lembrar que a apresentação espontânea só é cabível em situações em que é desconhecida a autoria do delito ou o próprio delito.

Conforme o art. 262 do CPPM, no momento do comparecimento será formalizada as declarações do indiciado ou acusado.

Ocorrendo a apresentação espontânea, será apresentado à autoridade judiciária o termo devidamente assinado pelo declarante e por duas testemunhas, juntamente com o indiciado, para que aquela autoridade delibere acerca da prisão preventiva ou de outra medida que entender cabível.

Considerando que o juiz deliberará pelo cabimento da prisão preventiva, é necessário que haja um conjunto probatório que sirva de base para a restrição a liberdade, de tal forma que haja a configuração de uma das hipóteses do art. 255 além dos requisitos do art. 254 do CPPM (prova do fato delituoso e indícios suficientes de autoria). Considerando a função de polícia judiciária militar, nada mais lógico do que indicar à autoridade judiciária os elementos ou indícios relacionados ao fato criminoso, para auxiliar a decisão da decretação ou não da prisão preventiva.

Assim, nada mais é que uma notícia criminal fornecida *in tese* pelo próprio autor. Analisando dessa forma, é fácil entender que tal comparecimento desencadeará um Inquérito Policial Militar, cuja portaria terá como indicação da fonte de onde originou-se o conhecimento do fato como sendo o comparecimento espontâneo.

Por fim, embora o CPP não disponha mais sobre a apresentação espontânea (arts. 317 e 318, ambos do CPP, alterados pela Lei nº 12.403/2011) ressalta-se que, conforme observa Nestor Távora e Rosmar Rodrigues Alencar,[204] "como a apresentação espontânea é incompatível com a prisão em

---

203. Conforme já apresentado anteriormente, há confusão, por vezes, na interpretação gramatical de *apresentação espontânea,* levando a crer, alguns, que somente o fato de apresentar-se o autor de infração penal, perante autoridade policial, de maneira não coercitiva, já configura tal instituto. Esse raciocínio é equivocado. Em termos jurídicos *apresentação espontânea* nada mais é que o ato de apresentar-se, ou o comparecimento, perante autoridade policial ou judicial, de maneira livre e consciente (ou seja, espontaneamente) de pessoa confessando autoria de infração penal até então ignorada, ou imputada a outrem, ou cuja ocorrência (materialidade) era desconhecida.

204. Cf. Távora e Alencar (2012, p. 567). Servindo de complemento do tema, no mesmo sentido destaca-se a observação de Renato Brasileiro de Lima (2011, p. 1.295): "não

158 | Manual de Polícia Judiciária Militar

flagrante, andou bem o legislador em não mais tratar do que naturalmente é óbvio: a livre apresentação do agente obsta o flagrante, mas não impede a decretação da preventiva de acordo com o caso concreto".

5.3. SITUAÇÕES PECULIARES

5.3.1. Fuga do suposto autor

Durante a lavratura do autor de prisão em flagrante delito pode ocorrer do "preso" empreender fuga. Nessa suposição, podemos ter basicamente duas possibilidades: o APFD já estar em curso, ou seja, ter se iniciado a formalização da prisão; ou os registros necessários ao cumprimento da formalidade da prisão em flagrante ainda não terem sido iniciados.

Interessante o texto de Tales Castelo Branco[205] onde registra que "Fugindo o acusado depois de haver sido preso, mas antes de haver ocorrido a lavratura do auto, não se tem como consumado o flagrante, e a formalização deste, dias após, quando da apresentação voluntária daquele à polícia, também constitui constrangimento ilegal, sanável por meio do remédio heróico. (...)

É importante notar que, em se tratando de acusado preso em flagrante, que conseguiu fugir antes da lavratura do respectivo auto, a sua recaptura não será mais legal, pois a flagrância se exauriu. Diversa, obviamente, é a situação daquele acusado contra o qual já houver sido lavrado o flagrante, dado que a prisão provisória já está formalizada e a sua fuga não tem poderes derrogativos."

Quanto à hipótese de fuga do detido, deve-se atentar para a necessidade de apuração por parte da autoridade de polícia judiciária militar. Desta-

---

obstante tal modificação, queremos crer que a apresentação espontânea continua figurando como causa impeditiva da prisão em flagrante. Afinal, não tem cabimento prender em flagrante o agente que se entrega à polícia, que não o perseguia, e confessa o crime. De mais a mais, quando o agente se apresenta espontaneamente, não haverá flagrante próprio, impróprio, nem tampouco presumido (CPP, art. 302, incisos I, II, III e IV), desautorizando sua prisão em flagrante".

205. BRANCO apud MORAES, 2003, p. 119-20.

ca-se a instauração de IPM em decorrência da possibilidade do cometimento dos crimes militares previstos nos arts. 178 e 179 do CPM.[206]

Quadro 13 – Fuga de detido

HIPÓTESE	CONSEQUÊNCIA PROCEDIMENTAL
Fuga antes da detenção	Não é lavrado APFD Elabora-se IPM
Fuga ocorre após a detenção, durante instrução do APFD (antes do término da formalização)	Não se conclui o APFD, pois esse se dá apenas após o término de todas as oitivas e expedição de nota de culpa
Fuga ocorre após lavratura APFD	APFD concluído. O detido encontra-se foragido, devendo ser recapturado a qualquer momento[207]

5.3.2. Competência e delegação

Quanto à delegação, entendemos que, em decorrência da natureza excepcional da prisão em flagrante bem como da necessidade de celeridade quanto a análise dos autos pela autoridade judiciária, a lavratura do APFD independe de delegação ou homologação de autoridade administrativa.[208]

---

206. Nas palavras de MORAES (2003, p. 120): "se os registros se iniciaram, a fuga deve ser prontamente noticiada nos autos, não devendo ser expedida a nota de culpa. Contudo, se os registros ainda não se inciaram, o auto de prisão em flagrante delito não deve ser lavrado, instaurando-se IPM".

207. Estando foragido, independe de mandado de prisão.

208. Corroborando tal afirmação, verifica-se o Provimento 02/2005 – CGer/TJMSP: "Art. 1º. São competentes para a lavratura do auto de prisão em flagrante delito, de acordo com o previsto no art. 245 do Código de Processo Penal Militar, o Comandante, o Oficial de dia, o Oficial de serviço ou autoridade correspondente", e no art. 3º o "§ 2º. A autoridade policial militar que lavrar o auto de prisão em flagrante delito deverá realizar essa remessa sem a necessidade de buscar qualquer homologação, visto ou ratificação por autoridade hierarquicamente superior.".

160 | Manual de Polícia Judiciária Militar

Há entendimento diverso, no sentido da necessidade de homologação do APFD, e tal posicionamento tem como principal âncora o art. 247, § 2º, do CPPM. Ora, analisando-se atentamente o artigo, dentro do contexto geral e principalmente da realidade prática do sistema de polícia judiciária militar, que em geral, trata-se de hipótese na qual quem faz a detenção do infrator não é a mesma pessoa que elabora o auto, ou seja, quem flagra, detém e conduz o suposto infrator não é nenhuma das pessoas elencadas no art. 245, *caput* (oficial de dia, de serviço ou de quarto etc.), mas sim alguém nas condições do art. 243 (*"qualquer pessoa poderá e os militares deverão..."*).

No sentido de necessidade de homologação, Ronaldo João Roth, registra que "Ao nosso ver, se lavrado o auto de flagrante por autoridade delegada e a prisão não for revista, como preconiza a Lei, pela autoridade delegante, homologando-a, haverá ilegalidade ou abuso de poder (alíneas 'a' e 'b' do art. 467 do CPPM), causando com isso o seu relaxamento (art. 244 do CPPM), sem embargo das medidas para a responsabilização da autoridade que deu causa àquele ato".[209]

Defendemos a desnecessidade de submeter o APFD às autoridades elencadas no art. 7º do CPPM.[210]

Porém, em circunscrições administrativas, áreas de atuação de unidades militares, onde haja grande proximidade e fácil contato entre o condutor, oficial de serviço e autoridade militar originária, e estando dentro do horário de expediente da Unidade, nos alinhamos com o entendimento expresso por Ailton Soares:[211] "face ao princípio hierárquico-disciplinar que norteia o desenvolvimento das atividades policiais militares, o qual obriga os escalões subordinados a darem conhecimento ao comandante da unidade, acerca de fatos excepcionais que estejam ocorrendo em seu âmbito de comando, parece-nos evidente que o preso será apresentado àquela autoridade. E assim ocorrendo, a ela caberá decidir se vai presidir o ato administrativo de lavratura do auto de prisão em flagrante delito ou se irá delegar as atribuições de polícia judiciária militar que lhe competem a outro oficial".

---

209. ROTH, 2004, p. 113.

210. No mesmo sentido defendido, aliás, hipóteses mais utilizada na atualidade e amplamente aceita pelas Justiças Militares Estaduais, no Estado de São Paulo há Provimento do TJM.

211. SOARES, 1998, p. 16-20.

Nessa última hipótese é cabível delegação de atribuição para a presidência da lavratura do auto respectivo,[212] o que nos parece assemelhar-se a noção do *longa manus*, por conta da análise e decisão acerca da legalidade, do cabimento, da prisão em flagrante, ter sido realizada pela autoridade militar originária, e não ao presidente do feito, que registre-se recebeu a incumbência de formalizar o auto.

5.3.3. Controle de legalidade

Conforme o art. 5º, inciso LXV, da CF, "a prisão ilegal será imediatamente relaxada pela autoridade judiciária".

O instrumento cabível é o *habeas corpus*, regulado pelo art. 5º, inciso LXVIII, da CF, específico para cessar a violência ou coação a liberdade de locomoção, já a ilegalidade ou abuso materializado pelo cerceamento de liberdade pode configurar abuso de autoridade.

5.4. PROCEDIMENTO DE ELABORAÇÃO DO APFD

Como observa Luiz Flávio Gomes, "a prisão em flagrante conta com quatro momentos distintos: (a) captura do agente (no momento da infração ou logo após a sua realização); (b) sua condução coercitiva até a presença da autoridade policial (ou judicial); (c) lavratura do auto de prisão em flagrante e (d) recolhimento ao cárcere".[213]

5.4.1. Procedimentos informais (iniciais)

Ao tomar conhecimento do fato criminoso que ensejou a voz de prisão em flagrante delito (emanada de quem está apresentando os fatos para "ratificação"), ou na hipótese de tal conhecimento (delito) ocorrer diretamente por quem possa presidir o APFD (rol do art. 245 do CPPM), aconselha-se as seguintes providências:

---

212. Nesse sentido, ver Ailton Soares (1998).

213. GOMES et. al, 2006, p. 214-5.

162 | Manual de Polícia Judiciária Militar

a) colher o maior número de dados possíveis, como envolvidos, circunstâncias, testemunhas, descrição de fatos e objetos etc.

b) providenciar para que o local seja preservado (no caso de crime que deixar vestígios e campo para atuação da perícia);

c) ouvir informalmente todos os envolvidos, entre eles, condutor, ofendido, testemunhas, detido etc.). Tal procedimento visa a formação da convicção da autoridade de PJM, o que sustentará ou não o ratificação da voz em de prisão em flagrante delito, anteriormente dada pelo condutor.

d) mesmo não sendo necessária a ratificação dos atos da autoridade de PJM, por autoridade administrativa superior (homologação, ratificação etc.), aconselha-se cientificar pessoalmente ou via telefônica, o Comandante responsável pela área territorial dos fatos.

5.4.2. Procedimentos formais[214]

O aspecto formal da prisão em flagrante delito carece de especial atenção, sendo resumida da seguinte forma:

1) Antes do inicio da lavratura do auto: deve a autoridade que presido os feitos, comunicar à família do preso ou pessoa por ele indicada a ocorrência da prisão (art. 5º, LXIII, 2ª parte, da CF). Sua falta implica nulidade absoluta do auto de prisão em flagrante delito. Omitindo-se o preso em indicar familiar ou pessoa de sua confiança, tal fato deve ser consignado formalmente.

2) A prisão deve ser comunicada imediatamente ao juiz competente.

3) Oitiva do condutor: condutor é a pessoa que apresenta o preso à autoridade que presidirá a lavratura do auto. Colhida sua declaração e assinatura, a ele será entregue cópia do termo e "recibo de entrega do preso". Esse recibo tem natureza acautelatória, assegurando a

---

214. Atentar para a ordem das peças a serem produzidas. Além da ordem obrigatória (por força do CPPM e CPP – relativo às oitivas), estão ordenadas de maneira lógica e baseados na necessidade.

comprovação de que o preso foi entregue a autoridade, eximindo a partir de então, o condutor de qualquer responsabilidade.[215]

4) Oitiva das testemunhas: que tenham algum conhecimento do ocorrido. Se não existirem testemunhas, deverão ser utilizadas testemunhas instrumentais, que nada conhecendo do delito, testemunham tão somente a formalidade do ato.

5) Oitiva da vítima: quando possível em decorrência de seu estado físico ou psíquico. Tratando-se de crime militar, cuja ação penal é de natureza pública incondicionada, não se faz necessária "autorização da vítima", portanto, na fase de registro do auto de prisão em flagrante delito, desnecessária a oitiva da vítima, desde que não seja possível sua oitiva (provisória ou definitivamente – *e. g.*, hipóteses de atendimento médico ou falecimento, respectivamente).

6) Oitiva do conduzido: o conduzido, preso, terá suas declarações formalizadas em termo próprio, assegurando-se o direito ao silêncio (art. 5º, LXIII, da CF), sendo possível a presença do advogado, a qual não é imprescindível à lavratura do auto tendo em vista tratar-se de fase inquisitorial, não havendo contraditório ou ampla defesa.

7) Encerramento do auto: Segundo Nestor Távora e Rosmar Rodrigues Alencar, "a lavratura do auto é termo final, ocorrida após a oitiva dos envolvidos. Não estando convencida a autoridade de que o fato apresentado autorizaria o flagrante, deixará de autuar o conduzido, isto é, não lavrará o auto, relaxando a prisão, que já existe desde a captura, e por isso, não mandará recolher o indivíduo ao xadrez (§ 1º) pois a liberdade é de rigor".[216]

Numerador do APFD

Deve ser o mesmo número do Inquérito Policial Militar, porém registra-se com a indicação de APFD. Por exemplo, colhido o número de IPM 008 (o oitavo do período de controle, normalmente anual), ao invés de regis-

---

215. TÁVORA; ALENCAR, 2012, p. 575.

216. Ibid., p. 576.

164 | MANUAL DE POLÍCIA JUDICIÁRIA MILITAR

trar como "IPM Nº (...)-008/22/201_" registra-se nos autos como "AFPD Nº (...)-008/22/201_".

1. Termo de Compromisso de Escrivão (TCE)

Concomitantemente ao envio da mensagem a Justiça Militar (por qualquer meio idôneo, *e. g.*, e-mail), deve ser o primeiro procedimento formal a ser realizado, pois baseado nesse Termo é que os demais serão elaborados (por exemplo, I.S. do condutor, onde constará o escrivão *ad hoc,* designado e compromissado conforme o presente Termo de Compromisso de Escrivão).

2. Mensagem TJM

Mensagem por fax, e-mail ou qualquer outro meio aceito pela Justiça Militar (conforme competência relativa ao fato envolvido) transmitindo, sucintamente, o início da lavratura do APFD. Deve ser enviado à Justiça Militar competente logo no início do procedimento, devendo ser juntado o comprovante de envio (recibo). Esta mensagem eletrônica conterá as informações básicas a respeito dos fatos, do preso e do feito (autos).

3. Inquirição Sumária do Condutor (IS)

Ouvir o condutor em termo próprio, ainda que se trate do ofendido, entregando-lhe cópia do seu termo de depoimento.

4. Recibo de Entrega de Preso (REP)

Em analogia as alterações do Código de Processo Penal (CPP), em seu art. 304, trazidas pela Lei nº 11.113/2005, alguns órgãos do Poder Judiciário entendem que aplica-se, por analogia, ao sistema processual penal militar.

Exemplo é o provimento nº 02/2005-CGer/TJM-SP, que determina a aplicação das novas regras também ao CPPM. Assim, deverá ser elaborado o "recibo de entrega de preso", fornecida uma via ao condutor, dispensando-o logo após.

5. Termo de Declarações do Ofendido (TD)

Colher a declaração do ofendido, caso não seja o próprio condutor, e os depoimentos das testemunhas, em peças independentes, dispensando cada parte após a respectiva oitiva e a coleta isolada da assinatura no próprio termo.

6. Inquirição Sumária da Testemunha (IS)

Termo específico para registrar as declarações das testemunhas, as quais prestam o compromisso de dizerem a verdade conforme as regras do CPPM.

7. Certidão de direitos constitucionais

Documento onde há a certificação do cumprimento das obrigações de respeito aos direitos constitucionais do preso.

Deve ser preenchido antes de iniciar as oitivas, bem como colher as assinaturas, especialmente a do preso e, caso recuse-se a assinar, registrar tal fato e colher a assinatura de duas testemunhas que presenciaram o ato. Deve ser preenchida uma certidão para cada militar preso em flagrante.

8. Auto de Qualificação e Interrogatório do preso (AQI)

Documento no qual há o indiciamento formal, no caso do IPM, e no caso em tela, APFD, é utilizado especificamente para o preso em flagrante. Deve conter expressamente a ciência de seus direitos, entre outros, o de permanecer calado.

9. Nota de Culpa (NC)

Deve ser entregue uma via assinada pela autoridade encarregada do APFD, ao preso. Esse deverá preencher à mão o horário em que recebeu, no campo "Recibo".

Com a recusa do preso em assinar o recibo da Nota de Culpa, deverá ser arrolada ao menos 2 (duas) testemunhas desse fato, as quais deverão assinar o referido documento, atestando que foi entregue a Nota de Culpa ao preso.

10. APFD

O auto de prisão em flagrante delito consistirá de um termo sintético, assinado pelo Oficial responsável pela sua lavratura, pelo preso e pelo escrivão, onde estejam objetivamente descritas as medidas de polícia judiciária militar adotadas, juntando-se a este os termos relativos às oitivas e interrogatório efetuados e lavrados.

Somente será redigido após a oitiva e dispensa do condutor, do ofendido e das testemunhas e depois do interrogatório do preso.

166 | MANUAL DE POLÍCIA JUDICIÁRIA MILITAR

11. Requisição de Exame de Corpo de Delito (ofício ao órgão pericial/Hospital Militar)

O exame de corpo de delito é obrigatório, e deve preceder a apresentação do preso ao Presídio Especial (na maioria dos Estados há presídio militar estadual ou quartel prisional específico para tais casos).[217]

12. Demais documentos

Auto de reconhecimento de pessoa, auto de exibição e apreensão, auto de apreensão, auto de avaliação etc., devem ser juntados aos autos do APFD, no momento do encaminhamento, ou, na impossibilidade, em até 5 (cinco) dias.

13. Relatório APFD

Tal Auto assemelha-se muito ao relatório de Inquérito Policial Militar, peça mais comum no âmbito da Polícia Judiciária Militar. O relatório do Auto de Prisão em Flagrante Delito nada mais é que um relato de todas as diligências realizadas, as faltantes, provas colhidas (materiais, testemunhais etc.), objetos apreendidos etc., bem como resumo sucinto dos fatos que ensejaram a prisão.

14. Capa

15. Ofício à Justiça Militar

Encaminhamento de autos à Justiça Militar. Se não forem os autos originais, devido a necessidade de diligências previstas no art. 246 do CPPM, citar o fato nesse ofício, indicando sucintamente quais são tais diligências motivadoras da não remessa dos autos originais.[218] Sobre este aspecto trataremos mais detalhadamente no próximo tópico.

5.4.3. Remessa de autos

Em regra, os autos originais devem ser remetidos à Justiça Militar, porém, havendo necessidade de diligências, deverá ser remetida tão somente

---

217. Quanto à PMESP, a requisição ao Hospital da Polícia Militar, ou a outro órgão oficial capaz de realizar o Exame de Corpo de Delito, deve ser elaborada conforme Portaria do Cmt G CORREGPM-1/310/05.

218. Conforme o art. 3º do Provimento nº 02/2005 – CGer, *DOE* nº 173, de 14.9.2005.

cópia dos autos, ficando os originais na posse do Oficial para complementar tais diligências e então remetê-los completos.

Assim, resumidamente temos:

5.4.3.1. Se não houver necessidade de diligências

Não havendo necessidade de diligências, como oitivas imprescindíveis, juntada de laudos etc., previstas no art. 246 do CPPM, os autos serão remetidos à Justiça Militar. A formalidade pode variar de um Estado para outro, mas sua essência não se altera substancialmente. No Estado de São Paulo, por exemplo, deve ser seguida de acordo com o apresentado no quadro 14:

Quadro 14 – Formalidades do APFD

1ª Via (original)	Remeter a Justiça Militar, devendo ser entregue: a) se encerrar durante o horário de expediente forense: em mãos, no cartório distribuidor da Justiça Militar; b) se o APFD for encerrado fora do horário de expediente forense: em mãos no presídio militar (sem prejuízo da cópia entregue para controle do próprio estabelecimento prisional).
2ª Via	Estabelecimento Prisional (Presídio Militar) – acompanhando o preso.
3ª Via	Corregedoria.
4ª Via	Unidade do Militar preso (para adoção de medidas disciplinares).
5ª Via	Arquivo da Unidade instauradora.

5.4.3.2. Se houver necessidade de realização de diligências

Havendo necessidade de diligências, como oitivas imprescindíveis, juntada de laudos etc., previstas no art. 246 do CPPM, os autos serão remetidos conforme o disposto no quadro 15 (ver página 168).

168 | Manual de Polícia Judiciária Militar

Quadro 15 – Formalidades na realização de diligências

1ª Via (original)	Permanece na unidade instauradora para conclusão (em 5 dias) das diligências necessárias.
2ª Via	Encaminhada a Justiça Militar comunicando a prisão e a necessidade de continuidade das medidas de PJM no prazo de 5 dias (art. 251, 2ª Parte, do CPPM c/c art. 3º do Provimento nº 002/2005-CGer). Folhas devem receber carimbo de "cópia". Após 5 dias, os autos originais devem ser encaminhados a tal juiz.
3ª Via	Presídio Militar (acompanhando o preso).
4ª Via	CorregPM.
5ª Via	Unidade do Militar preso (para adoção de medidas disciplinares).
6ª Via	Arquivo da Unidade instauradora (cópia do original que será remetido a Justiça Militar – já com as diligências inclusas).

Deverá ser remetido à Justiça Militar, impreterivelmente, no prazo de 5 dias, porém, caso não consiga concluir tais diligências, ainda depois de remetidos os Autos originais, deverá manter o mesmo empenho para concluir as diligências e remetê-las no menor prazo possível.

A remessa dos autos do APFD para Justiça Militar deverá sempre ser feita em mãos, nunca por malote.

5.4.3.3. Importante

Mesmo correndo o risco de parecer excessivamente elementar, na prática de PJM é comum alguns desacertos burocráticos ou contrários a praticidade e celebridade necessárias no momento de lavratura do APFD. Assim, por cautela, segue algumas sugestões:

1) Elabore inicialmente apenas uma única via (original). Após concluído todos os autos, com a devida assinatura de quem de direi-

to, revise a ordem cronológica (obrigatória para as oitivas – TD, IS, AQI etc.).

2) Após revisadas e organizada na ordem correta dos autos, proceda as cópias necessárias, no número de vias para os destinatários citados anteriormente. Isso poupará muito tempo nos casos, comuns inclusive, de erros de digitação, impressão etc., além da economia de meios.

3) Não havendo meios técnicos que permitam a cópia, não haverá outra opção a não ser imprimir a quantidade de cópias necessárias. Nesse caso, atentar para nenhuma ficar sem assinatura ou com impressão defeituosa.

5.4.4. Objetos apreendidos

Alguns detalhes, aparentemente simples, não podem escapar a atenção do encarregado dos feitos de Polícia Judiciária Militar. Entre eles destacamos a *"juntada"* de provas periciais e demais objetos.

Quanto ao material apreendido, se encaminhado à perícia, deverá ser juntado aos autos o Ofício de encaminhamento e requisição de perícia, para que o Encarregado do Inquérito Policial Militar tenha total controle da localização e previsão de relatório da perícia. Se o material apreendido não for submetido a exame pericial, deverá ser apensado ao feito, ou seja, deve ser encaminhado juntamente com os autos originais.[219]

Ainda quanto a juntada, não se pode esquecer de que, no caso de recebimento de documento através de fac-símile, antes da juntada nos autos o escrivão deverá providenciar uma cópia reprográfica do documento recebido, e efetuar a juntada do fac-símile e de sua cópia reprográfica, lavrando certidão nos autos, descrevendo tais medidas.[220]

---

219. No caso da PMESP, há casos em que se deve atentar para o Provimento nº 02/02-CG, tratando-se de material tóxico, inflamável, explosivo etc.

220. Nota CorregPM-122/310/98, Boletim G PM nº 206/98.

6

EXAMES PERICIAIS

6.1. INTRODUÇÃO

De maneira bastante resumida, perícias são exames realizados por técnicos, a serviço da Justiça.[221] Da aplicação prática dessa definição decorre a necessidade de duas ponderações: quais exames são necessários, ou quais espécies de perícias, e quais técnicos podem realizá-los.

Segundo Odon Ramos Maranhão,[222] "O que define a espécie de perícia a ser feita é, evidentemente, a natureza da matéria a ser examinada. Em outros termos, cada observação de interesse jurídico requer um determinado e específico observador: o especialista ou técnico."

Quanto à classificação dos profissionais capazes de realizar a perícia, denominados peritos, temos:

a) peritos oficiais: são os profissionais técnicos que realizam as perícias específicas *de ofício*, ou seja, possuem atribuição funcional de realizá-la, como dever profissional;

b) peritos nomeados: são os peritos não oficiais cujos serviços podem ser utilizados quando não houver órgão público de preste tal serviço, quer por sua especialidade ou complexidade.

No âmbito processual e penal militar, assim como no comum, só é admissível a utilização de peritos nomeados (não oficiais) em circunstâncias extremas, onde não haja a menor hipótese de atuação dos peritos oficiais, sequer capaz de realizar perícia indireta.

---

221. MARANHÃO, 2000, p. 31.

222. Ibid., p. 32.

172 | Manual de Polícia Judiciária Militar

6.1.1. Local de crime

Conforme Maranhão,[223] "entende-se por 'local de crime', ou simplesmente 'local', qualquer área onde se tenha verificado ocorrência de interesse policial-judiciário. A conceituação precisa ser assim ampla, pois ao tempo do inquérito é possível que não se disponha de elementos para estabelecer clara distinção entre crime, acidente, simulação e autolesões ou similares".

6.1.2. Perícias

Ainda, segundo o mesmo Manual é válido destacar: "Perícias em geral são todos os exames de natureza forense realizados por peritos, nomeadamente Médicos Legistas e Peritos Criminais, destinados a prestar esclarecimentos à Polícia e à Justiça e que constituem a demonstração da existência de um fato, bem como dos meios e modos empregados."

6.2. EXAMES PERICIAIS

6.2.1. Concurso do órgão responsável pela realização de perícias

Considerando as normas do Código de Processo Penal Militar quanto à atuação dos peritos oficiais e as mais variadas situações em que os exames periciais são essenciais para a conclusão do Inquérito Policial Militar, faz-se necessário uma breve anotação a respeito da estrutura relacionada ao sistema de perícias.

No Estado de São Paulo, por exemplo, o órgão responsável por todas as perícias oficiais, de interesse da apuração penal militar é a Superintendência de Polícia Técnico Científica (SPTC). A mesma denominação tem sido utilizada em outros Estados, mas não é uma regra, sendo importante tão so-

---

223. MARANHÃO, 2000, p. 70.

EXAMES PERICIAIS | 173

mente a identificação de qual o órgão com a incumbência legal de realizar as perícias oficiais.

A SPTC, subordinada diretamente à Secretaria de Segurança Pública[224] (SSP), foi regulamentada pela Lei Complementar Estadual nº 756/1994 e teve sua estrutura organizacional disposta no Decreto nº 42.847/1998. Responsável pela coordenação dos trabalhos do Instituto de Criminalística (IC) e do Instituto Médico Legal (IML), é especializada em produzir a prova técnica (prova pericial), por meio da análise científica de vestígios produzidos e deixados durante a prática de delitos.[225]

O Instituto de Criminalística é estruturado por núcleos de perícia na Grande São Paulo e no Interior, contando com núcleos que realizam perícias especializadas (Acidentes de Trânsito, Crimes Contábeis, Crimes Contra o Patrimônio, Crimes Contra a Pessoa, Documentoscopia, Engenharia, Perícias Especiais, Identificação Criminal e Perícias de Informática) e aqueles responsáveis por exames, análises e pesquisas (Análise Instrumental, Balística, Biologia e Bioquímica, Física, Química e Exames de Entorpecentes). Todos os núcleos de perícias especializadas estão sediados na Capital, junto à sede do IC.

Nas palavras de Osvaldo Negrini Neto[226] "a atual estrutura do Instituto de Criminalística estabelece divisões entre as unidades técnicas consoante três critérios: a habilitação profissional requerida (específicas de portadores de determinada formação universitária); o grau de especialização (próprios da Criminalística, sem especificação universitária definida) e a região atendida. Na sede do IC/SP se reúnem as unidades responsáveis pelas perícias mais complexas e pelas unidades normativas. Por exemplo, o Núcleo de Acidentes de Trânsito é a unidade responsável pelas normas e procedimentos em sua área de atuação. Funciona também como unidade especializada, seja atendendo casos de maior complexidade ou ainda emitindo pareceres sobre exames já realizados em outras unidades. Em geral, as unidades da sede do IC estão mais bem adaptadas aos casos de maior complexidade.

---

224. No Estado de São Paulo são subordinados diretamente a SSP os seguintes órgãos: PM (Polícia Militar), PC (Polícia Civil), Detran (Departamento Estadual de Trânsito) e SPTC (Superintendência da Polícia Técnico-Científica).

225. Conforme *site*: <*http://www.polcientifica.sp. gov.br*>.

226. NEGRINI NETO, 2007, p. 9.

174 | Manual de Polícia Judiciária Militar

As unidades regionais abrangem praticamente todas as áreas de atuação da perícia, sendo definidas suas atribuições proporcionalmente à área coberta e população envolvida."

Conforme o mesmo autor,[227] quanto à pedidos de exames periciais, há uma diferenciação entre solicitação e requisição.

Solicitação de exame pericial tem natureza emergencial, sendo feito por qualquer meio idôneo (email, fax, telefone etc.), logo após a autoridade ter tomado conhecimento do fato, servindo como medida provisória, objetivando tornar mais célere a realização dos exames e evitando perder provas. Nos seus dizeres, "refere-se apenas a uma constatação do fato (constatação de materialidade) ou a um levantamento de local, sobre o qual poderá ser elaborado um exame preliminar, conforme a solicitação".

Requisição de exame pericial trata-se da forma prevista no Código de Processo Penal Militar (e Código de Processo Penal).

Segundo NEGRINI, "documento por escrito dirigido exclusivamente pela autoridade policial ou judiciária ao Diretor da repartição (IC ou IML) solicitando exame pericial e do qual, obrigatoriamente, será expedido um laudo pericial. Normalmente as requisições periciais são feitas quando se inicia o Inquérito Policial".

A respeito do tema, registra-se ainda que "As requisições de exames periciais são o meio pelo qual a autoridade policial determina a realização de trabalhos técnicos-científicos necessários à perfeita configuração da infração penal".[228]

6.2.2. Acidente de trânsito sem vítima envolvendo veículo oficial

A atribuição de Polícia Judiciária Militar não se confunde com as relacionadas com apurações administrativas,[229] portanto, mesmo que um

---

227. NEGRINI NETO, 2007, p. 2-5.

228. POLÍCIA CIVIL DO ESTADO DE SÃO PAULO, 2006a, p. 177.

229. "Apuração administrativa", neste contexto, faz referência aos demais procedimentos cuja instrução é também atribuição da Polícia Militar (ou Força Armadas), quais sejam: Sindicância, Procedimento Disciplinar, Processo Regular, Inquérito Administrativo, ou qualquer outro nome que se possa dar aos feitos apuratórios de cunho não criminal.

único setor seja responsável pela investigação criminal (exemplo: IPM) e também procedimentos administrativos (exemplo: Sindicância), a natureza destes são distintas.

Dito isto, é importante ressaltar que nas hipóteses de acidente de trânsito sem vítima, envolvendo veículo oficial há legislação a respeito do acionamento do Instituto de Criminalística.

De acordo com o Decreto nº 20.416/1983 e a Resolução nº SSP-24/83, o Instituto de Criminalística não deverá ser acionado para a realização de exame pericial e vistorias em que estejam envolvidos veículos oficiais sem vítimas. Porém, em outros Estados, há previsão em sentido contrário, tendo em vista a necessidade de maior cautela na apuração e responsabilização pelos eventuais danos ao patrimônio público.

6.3. REQUISIÇÕES

Nas palavras de Osvaldo Negrini Neto, "as requisições de exames periciais são feitas pela 'autoridade policial ou judiciária'. Em geral, é um ofício no qual é determinado realizar exame em um local ou objeto com o intuito de comprovar sua ligação com um crime ou mesmo verificar a ocorrência deste crime. Na prática, as requisições formais são precedidas de solicitações de exames, quando existe urgência no atendimento. Esta conduta não cancela a necessidade da requisição. Entendemos que os laudos periciais devam ser elaborados e expedidos somente contra requisição de exame.

Nos casos mais complexos, são formulados quesitos sobre o objeto do exame. Entretanto, os peritos não ficam nunca adstritos ao solicitado, podendo expor suas conclusões sobre tudo o que foi examinado e que venha a ser de interesse judicial, sob pena de omissão. Nem sempre a autoridade tem conhecimento técnico suficiente para englobar todas as necessidades judiciais através dos quesitos. Em algumas requisições, inclui-se quesito genérico do tipo '... *outras considerações que os Srs. Peritos julgarem necessárias...*'.

Os exames periciais são apresentados na forma de 'laudo pericial', documento científico oficial dos peritos, que descreve e interpreta os elementos observados no exame, trazendo as conclusões (quando é possível estabelecê-las) a que estes chegaram.

176 | Manual de Polícia Judiciária Militar

A perícia assemelha-se, em tudo, a uma pesquisa científica, exceto pelo fato de que, como é feita para a justiça, deve seguir prazos absolutamente rigorosos e, via de regra, escassos, tornando-se quase que imediatista." [230]

Quanto à requisição de exame pericial cada Estado, ou cada departamento de polícia científica adota uma sistemática não divergindo substancialmente de outras localidades.[231]

---

230. Além do regramento quanto à formalidade da requisição Pericial, vale lembrar a Resolução SSP-244/98 quanto ao envolvimento de policial como autor ou vítima, conforme transcrevemos a seguir. Resolução nº SSP-244, de 3.6.1998. "Art. 1º. Na ocorrência envolvendo policial, tanto na posição de autor como de vítima, principalmente em caso de homicídio e de resistência seguida de morte ou lesão corporal, o local será preservado, isolando-se a área e impedindo-se que nela ingresse qualquer pessoa, inclusive familiares da vítima, até que seja liberada pela autoridade policial competente, após o término dos trabalhos que determinar, inclusive periciais. Parágrafo único. Incumbe ao primeiro policial, equipe ou guarnição que comparecer ao local, as providências de preservação, até que a ocorrência seja assumida pela autoridade competente. Art. 2º. Se a ocorrência envolver disparo de arma de fogo, será obrigatoriamente realizado o exame residuográfico nos envolvidos, autor e vítima. Art. 3º. O Instituto de Criminalística e o Instituto Médico Legal darão prioridade ao atendimento das ocorrências de que trata esta resolução, e à elaboração dos respectivos laudos, que serão detalhados o mais possível, de forma a permitir o completo esclarecimento de cada caso. Art. 4º. Além do previsto nesta resolução, no atendimento ao local de ocorrência envolvendo policial será observada, no que couber, a Resolução nº 177, de 8 de setembro de 1992. Art. 5º. Esta Resolução entrará em vigor na data da sua publicação, revogadas as disposições em contrário."

231. A título de exemplo, no Estado de São Paulo está em vigor a Resolução nº SSP-113/01: "Art. 1º. Os exames periciais requisitados por oficiais da Policia Militar deverão ser atendidos diretamente pelas unidades subordinadas da Superintendência da Polícia Técnico-Científica, prevalecendo as atribuições usuais em decorrência da natureza do exame solicitado e da área territorial de atendimento. Art. 2º. As respectivas requisições de exame deverão ser formalmente dirigidas ao Diretor do Instituto ao qual estiver sendo requisitado o exame, devendo consignar: I. número da portaria do procedimento; II. se houve autuação em flagrante; III. natureza do delito; IV. local do fato; V. data e horário do fato; VI. nomes da vítima e do indiciado; VII. histórico da ocorrência; VIII. objeto a ser examinado; IX. objetivo da perícia, preferencialmente explicitado em quesitos; X. identificação da Autoridade requisitante e da unidade militar. Art. 3º. No que tange ao atendimento da ocorrência, isolamento e preservação do local, bem como a realização da perícia, prevalecem, no que forem aplicáveis, as diretrizes preconizadas pela Resolução nº SSP-382, de 1.9.1999. Art. 4º. A fim de evitar que pereça a prova ou que o retardamento do exame traga qualquer prejuízo à apuração da infração, pairando dúvida acerca da competência da Autoridade requisitante, mesmo assim deverá a perícia ser realizada incontinenti, devendo a incerteza ser dirimida posteriormente. Art. 5º. Esta Resolução entrará em vigor na data de sua publicação, revogando-se as disposições em contrário."

6.3.1. Cópia de laudos de exames periciais

Pode ocorrer de o exame pericial já ter sido requisitado por outra autoridade, quer Militar, quer Civil (delegado de polícia civil ou federal), cujo laudo é necessário a investigação em âmbito de Inquérito Policial Militar ou Procedimento Administrativo (exemplo: Sindicância). Nessas circunstâncias sugere-se usar de analogia a Resolução SSP nº 113/01, requisitando ao órgão que elaborou o Laudo do exame pericial uma cópia, indicando o maior número de dados possíveis. Destaca-se o art. 8º do CPPM.

Lembramos que, ao ser solicitado Exame Pericial, o Instituto de Criminalística (IC) ou Instituto Médico Legal (IML) gera um número de protocolo. Assim, exemplificativamente, quando a autoridade de polícia judiciária comum, Delegado de Polícia, requisita um determinado exame pericial ao IC, é elaborado uma requisição tendo como referência o Boletim de Ocorrência ou o Inquérito Policial relacionado, e tal pedido ao dar entrada no órgão pericial recebe um número de protocolo.

Sugerimos, portanto, o levantamento prévio, junto ao órgão requisitante, do número do protocolo do IC/IML, e o BO/IP relacionado, e ao requisitar cópia ao instituto elaborador da perícia, citar ambas as referências. Tal procedimento tem se mostrado, na prática, mais ágil do que simplesmente citar o nome do interessado, somente o Boletim de Ocorrência (BO) ou qualquer outra informação incompleta.

Quanto ao tema, é interessante transcrever o registro de Osvaldo Negrini Neto:[232]

> *Solicitações de Informações Sobre Andamento de Laudos.* O Instituto de Criminalística fornece informações sobre andamento de laudos periciais exclusivamente às autoridades, via telex, ofício ou fax. As solicitações de informações devem estar instruídas com todas as informações acima citadas, necessárias para sua localização nos arquivos, principalmente o número de Protocolo do IC, caso contrário, não há como informar. Qualquer interessado tem o direito de requerer cópia de laudo pericial, desde que satisfaça às condições legais: requerimento dirigido ao Diretor, recolhimento das taxas legais ou isenção legalmente prevista, dados completos sobre o caso. Somente não são expedidas cópias sobre laudos que estejam em sigilo de justiça. Nos laudos periciais emitidos por requerimento do interessado, nos termos previstos na legislação, as normas são as mesmas acima dispostas.

---

232. NEGRINI NETO, 2007, p. 9.

178 | Manual de Polícia Judiciária Militar

6.4. QUESITOS NA REQUISIÇÃO (HPM/IML/IC)

A seguir, apresentamos uma lista de sugestões para a elaboração dos quesitos (quesitação) pela autoridade de polícia judiciária militar, ou quem por ela for delegado, ressalta-se que a ordem dos tipos penais aqui utilizada é a mesma da sequência numérica existente no CPM.[233]

– Art. 157 (violência contra superior), art. 158 (violência contra militar de serviço), art. 175 (violência contra inferior) e art. 176 (ofensa aviltante a inferior): vide comentários quanto a lesão corporal.

– Art. 177 (resistência mediante ameaça ou violência), se a oposição à execução de ato legal for mediante violência: vide comentários quanto a lesão corporal.

Art. 202 – Embriaguez em serviço

O militar submetido ao exame está embriagado ou alcoolizado?

Se embriagado, a embriaguez é completa ou incompleta?

O militar submetido ao exame em virtude de seu estado, ao tempo da ação, era capaz de entender o caráter criminoso do fato ou de determinar-se de acordo com esse entendimento?

O militar, no estado em que se encontra, põe em perigo a segurança própria ou de terceiros?

Art. 205 – Homicídio

Qual a causa da morte?

Qual o instrumento ou meio que produziu a morte?

Algum outro fator ou lesão pode ter concorrido para a morte?

Art. 209 – Lesão Corporal

Houve lesão à integridade corporal ou à saúde do paciente?

Qual natureza do agente, instrumento ou meio que produziu a lesão?

Da ofensa resultou perigo de morte?

---

233. Por questões didáticas, para facilitar a consulta, mantivemos a sequência numérica utilizada no Código.

Da ofensa resultou incapacidade para ocupações habituais por mais de 30 dias ou debilidade permanente de membro, sentido ou função, incapacidade permanente para o trabalho, enfermidade incurável, perda ou inutilização de membro, sentido ou função, ou deformidade permanente?

Art. 210 – Lesão Corporal Culposa

Mesmos quesitos do item anterior, acrescidos dos seguintes, conforme o caso de: se, prestado socorro imediato ao ofendido (ou se não prestado socorro imediato ao ofendido), haveria possibilidade de amenizar ou evitar as consequências das lesões (ou gravidade)?

Art. 210 – Lesão Corporal Culposa (acidente de trânsito)[234]

Quanto ao local

Houve acidente?

Qual sua natureza?

Qual o modo de sua ocorrência e que motivos lhe deram causa?

Há marcas de frenagem ou sinais que possam indicar a velocidade em que se encontrava o veículo?

Em caso afirmativo, qual a velocidade em que se encontrava no momento do acidente?

Quanto ao veículo

Quais as características do veículo examinado?

Esse veículo apresentava danos?

Em caso afirmativo, onde se situavam?

Quais as orientações desses danos?

---

234. Considerando o entendimento do Tribunal de Justiça Militar do Estado de São Paulo (Provimento nº 003/05-CGer, do TJMSP) e a publicação em *Boletim Geral PM* nº 230/2005 do acolhimento desse Provimento, nas hipóteses em que houver acidente de trânsito com vítima envolvendo veículo Oficial (da Polícia Militar) o devido procedimento de Polícia Judiciária Militar deve ser instaurado, ou seja, Inquérito Policial Militar com base na ocorrência de lesão corporal de natureza penal militar, afastando assim o Código de Trânsito Brasileiro (lesão corporal na condução de veículo automotor). Portanto, deve ser acionado o órgão incumbido da realização de perícia no local do acidente, motivo pelo qual sugerimos tais quesitos.

180 | MANUAL DE POLÍCIA JUDICIÁRIA MILITAR

Como se apresentavam seus sistemas de segurança para o tráfego (freios, direção, alarme e iluminação)?

Em que estado de conservação achavam-se os pneus do veículo examinado?

O veículo examinado se encontrava em condições perfeitas para transitar normalmente?

Art. 222 – Constrangimento ilegal

(Se o constrangimento for mediante violência, ou por redução da capacidade de resistência deixando essa vestígios físicos: vide comentários quanto à Lesão Corporal.)

Art. 225 – Sequestro ou cárcere privado

(Deve ser requisitada perícia para o local do cárcere privado, sendo os quesitos relacionados a tal característica, além do exame de corpo de delito – ver comentários elaborados quanto a lesão corporal.)

Arts. 232 a 237 – Crimes sexuais[235]

Houve conjunção carnal?

Houve ruptura do hímen?

Qual a data provável da ruptura do hímen?

Há vestígio de ato libidinoso? Em que consistiu?

Houve cópula anal?

Qual a recenticidade da conjunção carnal/ato libidinoso?

Há lesão corporal indicando ter havido emprego de violência?

Se positivo, qual o meio e instrumento empregado?

Da violência resultou lesão corporal de que natureza?

---

235. O Código Penal (comum) foi alterado pela Lei nº 12.015/2009 passando o Título VI do denominado *"dos crimes contra os costumes"* para *"dos crimes contra a dignidade sexual"*. Lamentavelmente, o Código Penal Militar, como já ocorreu em outras passagens, não acompanhou a evolução do direito penal brasileiro mantendo seu capítulo VII *"Dos crimes sexuais"*, em que pese o termo "crimes sexuais" ser mais moderno do que "contra os costumes".

Da ofensa resultou incapacidade para a ocupações habituais por mais de 30 dias ou debilidade permanente de membro, sentido ou função, incapacidade permanente para o trabalho, enfermidade incurável, perda ou inutilização de membro, sentido ou função, ou deformidade permanente?

A examinada(o) é alienada ou débil mental?

Houve alguma causa que tivesse impossibilitado a (o) examinada (o) de oferecer resistência?

Arts. 240 e 241 – Furto

Há vestígio de uso de força, mediante destruição ou rompimento de obstáculo à subtração da coisa?

Em caso positivo, quais vestígios e quais instrumentos utilizados?

Quais obstáculos foram destruídos ou rompidos?

Houve emprego de instrumento, chave falsa, ou destreza?

Em que época se presume ocorridos os fatos?

Qual a natureza e características do instrumento apresentado?

Art. 242 – Roubo

(se a subtração for meidante emprego de violência: vide comentários quanto à lesão corporal ou homicídio – hipótese de latrocínio).

Art. 243 – Extorsão

Há lesão corporal indicando ter havido emprego de violência contra o examinado?

Se positivo, qual o instrumento e a natureza da lesão?

Examinando o ofendido, pode ser constatado alguma alteração psicológica que possa decorrer de grave ameaça?

Arts. 259 a 264 – Dano

Houve destruição, inutilização ou deterioração da coisa submetida a exame?

Qual o meio e quais os instrumentos empregados?

Qual o valor do dano causado?

Qual a natureza do local examinado?

Houve emprego de instrumento para realização do dano e qual sua natureza?

Qual a extensão dos danos produzidos pela ação criminosa?

Art. 279 – Embriaguez ao volante

O militar submetido ao exame está embriagado ou alcoolizado?

Se embriagado, a embriaguez é completa ou incompleta?

O militar submetido ao exame em virtude de seu estado, ao tempo da ação, era capaz de entender o caráter criminoso do fato ou de determinar-se de acordo com esse entendimento?

O militar, no estado em que se encontra, põe em perigo a segurança própria ou de terceiros?

Art. 290 – Tráfico, posse ou uso de entorpecente ou substância de efeito similar[236]

O material examinado constitui substância entorpecente ou que determine dependência física ou psíquica?

Qual a substância? Qual sua origem?

Qual o peso do material apresentado? Qual a quantidade (peso) de substância entorpecente verificada?

O material examinado constitui matéria-prima destinada à preparação de substância entorpecente ou que determine dependência física ou psíquica?

Qual é a substância ou matéria prima?

Qual a espécie de local em que se encontrava depositado a substância? Era sujeito a administração militar? Interno ou externo (descrição)? O acesso era restrito? Se sim, por que meio?

---

236. Os quesitos apresentados ao perito têm de estar em consonância com o objeto a ser analisado e as circunstâncias a ele relacionado. Destaca-se que basicamente há ações semelhantes a posse (receber, vender, fornecer, transportar, trazer consigo, entregar etc.) e outros a manter em depósito (preparar, produzir, ter em depósito, guardar etc.), além de pode ser objeto de perícia não só a substância e local em que se encontra como também seu usuário (se for o caso). Portanto, há uma série de quesitos sugeridos cuja utilização depende da situação real.

Havia cultivo de plantas? Qual a classe e espécie do vegetal? Qual a área cultivada e qual quantidade de plantas?

Sendo o material examinado, produto sintético ou resultado de mistura química, qual o produto industrializado encontrado?

O militar submetido ao exame está sob efeito de substância entorpecente ou que determine dependência física ou psíquica? Qual substância?

Qual a recenticidade do uso da substância?

O militar submetido ao exame em virtude de seu estado, ao tempo da ação, era capaz de entender o caráter criminoso do fato ou de determinar-se de acordo com esse entendimento?

O militar, no estado em que se encontra, põe em perigo a segurança própria ou de terceiros?

Arts. 311 a 318 – Crimes de Falsidade[237]

O documento submetido a exame foi falsificado no todo ou em parte?

Se verdadeiro, foi alterado?

Em que consistiu a alteração (adulteração ou falsificação)?

Qual a natureza do objeto submetido a exame? (documento público, particular, mídia magnética/eletrônica, cheque etc.)

A falsificação foi feita por fabricação ou adulteração?

Se positivo, em que consistiu?

Houve supressão de informação? De que modo foi feita? Em que consistiu?

Houve supressão, destruição ou ocultação de documento verdadeiro?

A letra (ou assinatura) lançada sobre o documento em exame é do punho da pessoa submetida ao exame/ou a mesma fornecida pelo punho indicado (doador do material de comparação)?

A assinatura apresentada é autêntica?

Se negativo, a assinatura teria sido efetuada por outra pessoa?

---

237. Quanto à exame grafotécnico, verificar o próximo tópico "exames especiais", onde fazemos mais sugestões.

184 | MANUAL DE POLÍCIA JUDICIÁRIA MILITAR

Apresenta vestígios de alteração genérica de qualquer natureza o documento de fls. XX dos autos?

Subjacente à atual palavra (ou expressão) "[...]" não figurava no documento de fls. XX dos autos a palavra (ou a expressão) "[...]"?

6.5. EXAMES ESPECIAIS

6.5.1. Áudio

Solicita-se transcrição integral do conteúdo gravado no material magnético sob exame.

Há vestígios de adulteração do material examinado, quanto ao conteúdo, por meio de cortes, emendas, regravações ou outros meios, ou sua gravação é um todo homogêneo?

Qual a qualidade sonora do material examinado? É facilmente audível?

É possível estabelecer a identificação vocal dos interlocutores?

Se positivo, é compatível com o material apresentado como comparação?

6.5.2. Vídeo

É possível identificar ou individualizar as pessoas que aparecem no vídeo?

Se possível, é possível sua identificação, pode ser estabelecida em comparação com as imagens apresentadas como comparação?

Se positivo, solicita-se a caracterização individual das imagens das pessoas filmadas, objetivando a identificação das mesas.

Há vestígios de adulteração do material examinado, quanto ao conteúdo (emendas, cortes, edições etc.)?

Qual a qualidade visual do material examinado?

Solicita-se a descrição do conteúdo gravado (filmado) para efeito de caracterização de crime de (especificar).

6.5.3. Armas

Qual a natureza da arma examinada?

Quais suas características (dimensões, calibre, tipo de alma etc.)?

A arma examinada, no estado apresentado, podia ser utilizada de maneira eficaz para o cometimento dos fatos narrados (crime)?

A arma tinha seu funcionamento normal? Ela era capaz de efetuar algum disparo (ou lesão etc.)?

Há indicação de disparo recente?

Há resíduo de material em seu corpo (manchas)? Qual sua natureza?

Qual a natureza (características) do projétil submetido a exame?

Em quais tipos de arma é usado?

É compatível com a arma apresentada como comparação?

6.5.4. Grafotécnico[238]

A seguir sugerimos alguns quesitos relacionados ao exame grafotécnico, lembrando antes, do disposto no CPPM a respeito: art. 344 (reconhecimento de escritos, requisição de documentos, ausência da pessoa etc.)

Tendo em vista os padrões de confronto fornecidos, a assinatura lançada no documento de fls. XX dos autos, é falsa?

Em caso positivo, a assinatura é proveniente do punho de (nome completo) que forneceu material gráfico, para confronto, às fls. XX dos autos?

A assinatura atribuída a (nome completo), que figura no documento de fls. XX, é falsa, tendo em vista os padrões fornecidos pela referida pessoa às fls. XX dos mesmos autos?

---

238. Quesitos adaptados das sugestões de Osvaldo Negrini Neto (2007, p. 12).

186 | Manual de Polícia Judiciária Militar

A assinatura XXX, lançada no documento de fls. XX dos autos proveio do punho de (nome completo) que forneceu material gráfico, para confronto, às fls. XX dos autos?

A assinatura e os dizeres constantes do documento de fls. XX dos autos provieram do punho de (nome completo) que forneceu material gráfico, para confronto, às fls. XX dos autos?

Os lançamentos manuscritos, que figuram no documento de fls. XX provieram do punho de (nome completo) que forneceu material gráfico, para confronto, às fls. XX dos autos?

7

Deserção

7.1. INTRODUÇÃO

A análise do tipo penal de Deserção (art. 187 do CPM) e os demais tipos do Capítulo intitulado "Deserção" não será aqui pormenorizada, pois, conforme registrado na introdução, há obras jurídicas de boa qualidade que se prestam a esse fim.[239] Aqui iremos sistematizar os procedimentos de Polícia Judiciária Militar com aos feitos a cargo dos militares encarregados ou auxiliares desses feitos, ou de outro operador do direito que tenha interesse no tema.

O crime de deserção,[240] por sua natureza e pela existência de "período de graça", tem peculiaridades que tornam as atribuições da Autoridade de Polícia Judiciária Militar uma tarefa bastante complexa, com destaque para o fato de haver procedimentos de cunho penal, processual penal e administrativo a serem adotados, todos com o momento certo para serem tomados.

---

239. Como por exemplo a adotada neste trabalho, a qual indicamos pela qualidade técnica e abordagem didática: Cícero Robson Coimbra Neves e Marcello Streifinger (2005 e 2007). Especificamente quanto à deserção, ver v. 1.

240. Há divergência quanto à classificação do crime de deserção. Jorge Cesar de Assis e Célio Lobão defendem tratar-se de crime permanente, inclusive esse último autor citando decisões do STF e TJMG, enquanto que o STM aponta decisão no sentido de ser crime instantâneo de efeitos permanentes, conforme Cor. Par. 001640-0/1999, citado por Célio Lobão (2009, p. 380). Tal debate tem relevância jurídica pois a argumentação acerca de sua natureza tem reflexos na prisão em flagrante. Entendido como crime permanente o desertor está sujeito a prisão em flagrante por encontrar-se em plena consumação do crime (art. 243 do CPM), já se for considerado crime instantâneo de efeito permanente essa posição não se coaduna com a prisão em flagrante por ter se esgotado no momento consumativo do delito não autorizando o flagrante. A primeira posição tem prevalecido e, por política jurídico-criminal o CPM optou por substituir o Auto de Prisão em Flagrante Delito pelo Termo de Deserção cujos efeitos legais se equivalem.

188 | Manual de Polícia Judiciária Militar

Quanto à parte processual penal, os arts. 451 a 457 do CPPM, parte do Título II – Dos Processos Especiais, tratam da Deserção. Conforme art. 452 do CPPM, considera o **Termo de Deserção** (elaborado após a consumação do crime) como documento formal com caráter de instrução provisória destinada a fornecer os elementos necessários à propositura da ação penal, sujeitando, desde logo, o desertor à prisão.[241]

Ressaltamos que para a confecção do Termo de Deserção não se admite delegação para o exercício das atribuições de polícia judiciária militar.[242]

Esse Manual tem como propósito principal auxiliar o entendimento da atuação de Polícia Judiciária Militar, portanto, não nos ateremos aos procedimentos administrativos após a deserção (como por exemplo, remessa de assentamento individual etc.), os quais sugerimos a consulta das Portarias ou Diretrizes específicas do âmbito administrativo.

Assim sendo, partimos para algumas observações importantes.

Cabe registrar a observação de Cícero Robson Coimbra Neves e Marcello Streifinger:[243] "o tipo penal estabelece um período, além do qual há a configuração da deserção. Durante esse período, fixado em oito dias, o militar não estará em prática delitiva, mas apenas em conduta caracterizadora de transgressão disciplinar. Por não restar nenhuma consequência penal militar ao autor, denomina-se o período em foco 'ausência ilegal' ou, mais propriamente, 'período ou prazo de graça'".

Nessa esteira, esclarecedor o registro de Renato Brasileiro de Lima: "costuma-se acreditar (equivocadamente) que a prisão do desertor seria possível por se tratar de crime permanente. Logo, considerando-se que, nas infrações permanentes, considera-se o agente em flagrante delito enquanto não cessar a permanência (CPPM, art. 244, parágrafo único), a prisão do desertor seria possível por estar ele em situação de flagrância. A nosso ver, trata-se de raciocínio equivocado".[244]

---

241. A rotina a ser adotada no caso de Deserção, foi sistematizada pela Corregedoria da Polícia Militar em 1999, por meio da Portaria CorregPM-1/310/99.

242. Conforme I-40-PM.

243. NEVES; STREIFINGER, 2007, p. 256.

244. Defendendo ser incabível a prisão em flagrante do desertor por não entender tratar-se de crime permanente, Renato Brasileiro de Lima (2011, p. 1.193).

Segundo o citado autor, o crime de deserção não é crime permanente ("cuja consumação pode protrair-se no tempo, detendo o agente o poder de fazer cessar o estado antijurídico por ele realizado"). Fundamenta-se tal posição no fato do agente, no crime de deserção, decorrido o prazo de oito dias, o crime já estará consumado, e a partir de então a manutenção da situação de permanência já não depende mais da vontade do próprio agente[245] (como acontece em crimes permanentes como sequestro). "Ao contrário, no caso de deserção, o retorno à situação anterior foge à alçada do agente, que já não tem mais o domínio do fato para fazer cessar a prática do delito."

Baseado nesse entendimento, "afigura-se possível a prisão do desertor não por se tratar de prisão em flagrante em relação a crime permanente, mas sim por se tratar de crime propriamente militar. Como já se manifestaram os Tribunais Superiores, não há qualquer ilegalidade na prisão imediata do militar desertor que se apresenta voluntariamente e/ou é capturado (CPPM, art. 452). Sendo a deserção um crime definido em lei como de natureza propriamente militar, a custódia daquele que comete o delito capitulado no art. 187 do CPM, tão somente baseado no Termo de Deserção, independentemente de ordem escrita de autoridade judiciária, esta consentânea com o que dispõe a Constituição Federal, em seu art. 5º, inciso LXI".[246]

Quanto a atuação do Oficial encarregado dos feitos de polícia judiciária militar, no caso de deserção normalmente tal situação é apresentada das seguintes formas: início da contagem de ausência ilegal (período após a constatação da falta), e acionamento do PPJM (ou Oficial designado especialmente) para auxiliar os comandante unidade militar (OPM) no registro e demais providências correlatas; providências após a consumação da deserção; e/ou captura de desertor. Porém, vamos indicar todos os principais procedimentos a serem adotados, servindo como guia em qualquer das principais hipóteses possíveis.

---

245. No mesmo sentido da característica do crime permanente quanto ao domínio por parte do agente, é a posição de Luiz Flávio Gomes e García-Pablos de Molina (2007, p. 526). Há entendimento no sentido de ser o crime de deserção uma infração instantânea de efeito permanente (aquela que se consuma instantaneamente – no caso após o termino do período de graça – não havendo continuidade temporal na conduta ofensiva, porém, seus efeitos são duradouros).

246. LIMA, 2011, p. 1.194.

190 | Manual de Polícia Judiciária Militar

Os procedimentos a serem adotados quanto ao crime de deserção estão indicados no quadro 16 (ver página 191), fazendo com que haja, no mesmo quadro, tanto a contagem como a indicação das fases ou "marcos de interesse" durante esse período.

7.2. PROCEDIMENTOS ADOTADOS

O quadro 16^{247} tem como aspecto destacável o seu caráter didático, sendo enorme facilitador na compreensão da contagem da ausência ilegal até a consumação da deserção. Nele, um ponto importante para o operador do direito é a data do início da contagem.

Representa a posição majoritária da doutrina e jurisprudência, que vem sendo amplamente utilizada tanto pelas autoridades de polícia judiciária militar quanto pela própria Justiça Militar Estadual.

Ocorre que, quanto ao marco inicial da contagem de ausência ilegal, conforme observam Cícero Robson Coimbra Neves e Marcello Streifinger,[248] vem sofrendo vários ataques, afirmando alguns "que não se poderia iniciar a contagem de ausência ilegal sem que houvesse, primeiro, terminado o serviço, sob pena de a contagem não obedecer ao preceito penal militar do art. 187, já que a contagem, iniciada erroneamente de forma antecipada sem que a falta ao serviço fosse efetivamente detectada, ficaria aquém do octídio legal exigido". Por essa visão, deve ser considerado como dia da detecção da falta aquele

---

247. A utilização de quadros ou tabelas como representação gráfica do sistema de contagem da ausência ilegal até consumação da deserção não é algo novo na área do direito militar. O modelo de quadro apresentado foi elaborado visando a atender aos objetivos didáticos desta obra, distanciando-se um pouco dos modelos já existentes quanto a sua estrutura, mas, inevitavelmente, assemelhando-se pelo método empregado, pela representação gráfica e pelo tema comum. Nesse sentido destaca-se o pioneirismo, entre outros, de Cícero Robson Coimbra Neves e Marcello Streifinger (2007, p. 257), e obra referenciada por estes de Alexandre Henriques da Costa (2007, p. 123).

248. NEVES; STREIFINGER, 2012, p. 885. Na sequência, registram os autores: "note-se que assim procedendo a polícia judiciária militar, ainda que outro operador discorde do entendimento adotado, estará, sem dúvida, registrando uma ausência ilegal superior a oito dias, atendendo ao escopo da lei penal militar". Os autores fazem analisam profundamente uma decisão do TJM-SP que, apesar de não unânime, adotou majoritariamente o novo sistema de cálculo (Ap. Crim. 4.813/00).

Quadro 16 – Procedimentos adotados no crime de deserção (Contagem tradicional)

MARCO LEGAL DE INTERESSE	**dia da escala** (art. 187) ou Término do afastamento (art. 188)	início da contagem da ausência	configura a ausência	———	———	———	———	———	———	consumação do crime de Deserção
CONTAGEM DIDÁTICA	01	02	03	04	05	06	07	08	09	10
HORÁRIO	**não importa o horário de término**, mas apenas o início	0h	0h (24 h após o início da contagem da ausência)	———	———	———	———	———	———	0h (após 8 dias)
PROVI-DÊNCIAS	parte de falta ao serviço	diligências para encontrar o faltoso	parte de *ausência ilegal*	despacho de ausência e inventário de bens	———	———	———	———	———	parte de Deserção e Termo de Deserção
	———	———	diligências para encontrar o ausente e conci-tá-lo a retornar ao serviço	Deserção	———	———	———	———	———	
SITUAÇÃO DO MILITAR	**FALTOSO**	falta (1º dia do período de graça)	**AUSENTE** (2º dia do período de graça)	3º dia do período de graça	4º dia do período de graça	5º dia do período de graça	6º dia do período de graça	7º dia do período de graça	8º dia do período de graça	**DESERTOR**

em que o serviço se findar sem que o agente compareça. Segundo os autores, a solução da controvérsia deve ficar na nova vertente do Direito Penal Militar, "a que mais favorece ao autor do delito (*favor rei*), prevalescendo, assim, o entendimento de que há necessidade de que o serviço seja findo para, só então, à zero hora do dia subsequente, ter início a contagem de ausência".

Conforme ressaltado anteriormente, o crime de deserção somente se consuma após transcorrido oito dias de ausência ilegal. Exatamente por isso o estabelecimento do exato momento do início dessa contagem (ausência) adquire tamanha importância e debate. Segundo nos parece, isso só ocorre a partir do dia seguinte ao da falta. Segundo a primeira posição (contagem tradicional), há, em alguns casos (serviço que se inicia em um dia e é concluído no seguinte), uma espécie de "falta retroativa", na qual, após o término do serviço, considera-se que o indivíduo faltou à escala do dia anterior (início do serviço). A posição mais atual (contagem estendida) leva em consideração como dia de efetiva falta aquele em que se deveria dar o término do serviço do faltoso. Esse raciocínio nos parece mais lógico, apesar de haver importantes argumentos em defesa de ambas as posições, inclusive encontrando julgados nos dois sentidos.

Diante da nova sistemática apresentada alterando o marco inicial da contagem, tem-se o disposto no quadro 17 (ver página 193).

Conforme bem observam Neves e Streifinger,[249] "malgrado a extrema formalidade exigida em alguns órgãos julgadores, o equívoco no registro provisório da deserção somente afetará a concepção de delito se importar em uma contagem aquém do octídio legal exigido pela norma penal – frise-se que o artigo exige o curso de mais de oito dias – resultando em óbvio prejuízo ao acusado".

Como utilizar o quadro esquemático:

Adotando como mais adequado o quadro 17, que sistematiza a *contagem estendida*, faz-se observações quanto à sua utilização. Para quem adotar o primeiro quadro (*contagem tradicional*), as orientações a seguir devem ser adaptadas.

---

249. NEVES; STREIFINGER, 2012, p. 886.

Quadro 17 – Procedimentos adotados no crime de deserção (Contagem estendida)

	01	02	03	04	05	06	07	08	09	10
MARCO LEGAL DE INTERESSE	dia do **término** da escala (art. 187) ou término do afasta-mento (art. 188)	início da contagem da ausência	configura a ausência	——	——	——	——	——	——	consumação do crime de Deserção
CONTAGEM DIDÁTICA	01	02	03	04	05	06	07	08	09	10
HORÁRIO	não importa o horário de início, mas apenas o **término**	0 h	0 h (24 h após o início da contagem da ausência)	——	——	——	——	——	——	0 h (após 8 dias)
PROVIDÊNCIAS	parte de *falta* ao serviço	diligências para encontrar o faltoso	parte de *ausência ilegal*	despacho de ausência e inventário de bens	——	——	——	——	——	parte de Deserção e Termo de Deserção
	——	——	diligências para encontrar o ausente e conci-tá-lo a retornar ao serviço	——	——	——	——	——	——	
SITUAÇÃO DO MILITAR	**FALTOSO**	1º dia do período de graça	**AUSENTE** (2º dia do período de graça)	3º dia do período de graça	4º dia do período de graça	5º dia do período de graça	6º dia do período de graça	7º dia do período de graça	8º dia do período de graça	**DESERTOR**

194 | Manual de Polícia Judiciária Militar

Inicialmente, preenche-se a primeira linha com os respectivos dias e o correspondente mês, na sequência temporal normal. O marco "01" é o dia do término da escala e deve ser o dia em que consta em documento formal (escala) o término do turno de serviço (para os casos em que o turno de serviço tiver início e término no mesmo dia, não haverá alteração significativa em relação ao quadro anterior).

Exemplo: serviço das 18h30 (do dia 20/03) às 7h (do dia 21/03). Deve ser registrado na primeira linha, como marco "01" a data do término da escala "21/03", e completar os demais dias na sequência, ou seja, 22/03, 23/03, ..., até 30/03, dia em que se consumará a deserção (exatamente à 0h do dia 30).

Didaticamente, é costumeiro utilizar a segunda linha do quadro 17 ("contagem didática") da seguinte forma: marco "01" é a data em que o militar estava escalado e faltou (data em que consta o dia do término da escala) ou do término de afastamento, nos moldes do art. 188 do CPM (último dia de afastamento). A partir desse marco ("01"), segue-se a contagem dos dias na sequência 02, 03, ..., até chegar no 10º; nesse último, à 0h, estará configurado o crime (deserção) consumado. Assim, basta contar até dez, de maneira simples e rápida.

Resta, por fim, verificar e realizar as providências necessárias no período, conforme terceira linha.

1. *Falta ao serviço*: elaboração do documento de comunicação à autoridade superior ao militar – com poder disciplinar sofre o faltoso, da falta ao serviço. Indicar as diligências realizadas para encontrá-lo.

2. *Parte de ausência ilegal*: elaboração do documento de ausência ilegal, indicando desde quando o militar está ausente (início da ausência) e anexando documentos (escala e documento de comunicação da falta), bem como indicar as diligências realizadas. Verificar no art. 456 do CPPM quanto à parte de ausência.

3. *Elaboração do despacho de ausência*: declaração do Comandante da Unidade do Militar de que esse se encontra ausente. No mesmo expediente faz-se a nomeação de Oficial encarregado das diligências administrativas (*e. g.,* elencadas na Portaria CorregPM-1/310/99), bem como designar mais dois policiais (preferencialmente Oficiais) para, em conjunto com o Oficial encarregado das diligências, locali-

zar e elaborar o Auto de Inventário do material da Fazenda Pública distribuído ao ausente e por ele deixado e extraviado, e o Auto de Inventário dos Bens Particulares do ausente encontrados no interior da Unidade Militar (tudo nos moldes do art. 456 do CPPM).[250]

4. *Parte de Deserção*: elaboração de documento comunicando a deserção, no qual há indicação do início da ausência e momento em que o militar completou o período legal de mais de oito dias de ausência injustificada. Quanto à parte de deserção, verificar o art. 456, § 2º do CPPM.

5. *Termo de Deserção*: elaboração do Termo de Deserção, o qual descreve, cronologicamente, a consumação da deserção (indicando data da falta, ausência e consumação da deserção), bem como a autuação dos autos juntando-se a documentação produzida.

7.2.1. Situações destacáveis

Conforme observa Cícero Robson Coimbra Neves e Marcello Streifinger[251] referindo-se a decisões do STM, o contato telefônico com a Unidade durante o período de graça não substitui sua presença física para fins de interrupção da contagem de oito dias para a consumação da deserção. A lei estabelece a apresentação pessoal na sua Unidade, portanto não cabe apresentação em Unidade Militar distinta.

Outro ponto interessante destacado pelos citados autores é a hipótese do militar que "falta ao serviço e, no dia seguinte, estaria de afastamento regular: nesta hipótese a contagem que leva à deserção deve seguir normalmente, porquanto o seu afastamento (...), somente se efetivará após o cumprimento da última obrigação antes do período, ou seja, o serviço para o qual estava

---

250. Segundo o art. 3º da Portaria CorregPM-1/310/99, tendo em vista o injustificado e ilegal afastamento do policial militar de sua unidade, conduta considerada de extrema gravidade para a Administração Militar, "(...) demonstrando a incompatibilidade do policial militar com a função pública, deverá, até o sexto dia de ausência, ser instaurado o respectivo processo administrativo disciplinar (CD ou PAD), e, no caso de CJ, comunicar a Corregedoria PM, para adotar providências nesse sentido, observando-se, em todos os casos, as prescrições do art. 52 das I-16-PM."

251. NEVES; STREIFINGER, 2007, p. 258.

196 | MANUAL DE POLÍCIA JUDICIÁRIA MILITAR

prévia e nominalmente escalado. Vale dizer que aquele que falta ao serviço não entra em fruição sequencial de férias (Licença Prêmio etc.)".

7.2.2. Formalidades

Quanto ao Processo de deserção, é indispensável a atenção para os arts. 451 a 457 do CPPM que tratam do tema.

Na prática, tem se observado que os maiores problemas relacionados ao trato das peculiaridades do crime de deserção estão relacionados com questões de ordem processual e administrativa e não penal e material.

O rito de polícia judiciária militar da deserção é considerado por muitos como um dos procedimentos de maior formalidade, porém, o que se destaca é, sobretudo, dificuldades na contagem do período de graça. Nesse aspecto, deve-se empenhar maior esmero quanto ao início dos períodos relacionados entre eles: data da falta, início da contagem do período de graça e data do Termo de Deserção.

Em meio aos possíveis erros nesse procedimento, é interessante a observação registrada por Cícero Robson Coimbra Neves e Marcello Streifinger[252] no sentido de que "malgrado a extrema formalidade exigida em alguns órgãos julgadores, possível é amealhar a maioria de julgados, em segundo grau, que entendem o delito configurado apesar de algumas falhas nos registros de polícia judiciária militar."

Obviamente, o exercício das atribuições de polícia judiciária deve ser exercida com cumprimento rigoroso das normas legais, processuais, penais ou administrativa. Porém, a maior atenção deve ser direcionada para a contagem do período de ausência, pois o errôneo estabelecimento da data da consumação da deserção (e consequente Parte de Deserção e Termo de Deserção), antecipando-a, gera gritante abuso contra o militar ausente.

Em outras palavras, se a contagem inicial for viciada[253] desencadeará o cômputo, também errado, do período de ausência ilegal e consequentemente

---

252. NEVES; STREIFINGER, 2007, p. 258.

253. Por exemplo, não considerar as 24h, a contar do dia seguinte a falta, para o início da contagem de ausência.

será o militar considerado, pela autoridade que presidir os feitos, como desertor antes da consumação do crime, ficando sujeito à "captura" e encaminhamento ao Presídio Militar sem ter consumado o crime. A captura, antes da configuração do crime, é caso claro de abuso contra o detido.

Ainda, quanto à contagem que gera o prazo menor do que o estabelecido pelo CPM, mesmo incidindo tal erro, se somente após o lapso temporal correto ocorrer a captura do militar, haverá tão somente erro material irrelevante, pois o militar só foi capturado após a configuração do crime.

É o caso, por exemplo, da Apelação Criminal 4956/00, na 1ª Câmara do TJMSP, na qual o Tribunal de Justiça Militar do Estado de São Paulo entendeu que, mesmo o Termo de Deserção tendo sido lavrado em 4.4.1999, quando o correto seria 5.4.1999, o acusado só se apresentou em 8.4.1999, portanto depois do lapso consumatório do tipo penal, ficando, assim, "suprido o erro material, posto que adotado o princípio da instrumentalidade das formas".

Na mesma esteira, o erro no cômputo de lapso temporal de ausência gerando mais dias do que o mínimo necessário para configurar o crime em tela é mero erro material, não gerando prejuízos de cunho penal.

7.3. APRESENTAÇÃO ESPONTÂNEA DO DESERTOR

Com a apresentação espontânea do desertor deve ser lavrado Termo de Apresentação Espontânea do Desertor. Para fins de elaboração deste Termo considera-se Autoridade Policial Militar aquelas definidas no art. 245 do CPPM (mesmas da lavratura do Auto de Prisão em Flagrante).

Conforme já analisado anteriormente, no capítulo que trata da Prisão em Flagrante, o comparecimento espontâneo é aquele em que o autor de um crime apresenta-se, confessando a autoria (art. 262 do CPPM) da infração penal até então desconhecida pela autoridade. Vale lembrar que a apresentação espontânea só é cabível em situações em que é desconhecida a autoria do delito ou o próprio delito. Assim, nada mais é que uma notícia criminal fornecida *in tese* pelo próprio autor.

Seguindo esse raciocínio, verificamos que, sendo a deserção conhecida pela Administração Militar, por meio da autoridade de polícia judiciária

198 | Manual de Polícia Judiciária Militar

militar (originária ou delegada), não cabe a vedação de prisão em flagrante do desertor nos mesmos moldes do art. 262 do CPPM. Portanto deve o desertor ser preso, ou capturado, tão logo encontrado, assim como no caso de apresentação espontânea, conforme CPPM preconiza.

7.3.1. Captura de desertor

Nos casos de captura do desertor, deve ser lavrado o referido *Termo de Captura de Desertor*.

Anexos

1. PORTARIA CorregPM-1/310/99

Estabelece a rotina de procedimentos para os casos de deserção

Considerando a multiplicidade de Órgãos envolvidos com o procedimento adotado para os crimes de Deserção;

Considerando que o Termo de Deserção tem caráter de instrução provisória e destina-se a fornecer os elementos necessários à propositura da ação penal, sujeitando desde logo, o desertor à prisão;

Considerando as formalidades para a captura do desertor, garantindo-se os direitos constitucionais do preso;

Considerando que, em recentes episódios, foi constatado que as medidas adotadas pela Corporação para subsidiar a ação penal perante a Justiça Militar careceram de uma melhor sistematização, a qual se faz urgente;

Considerando que a ação penal, para se desenvolver validamente, necessita de uma série de providências de cunho administrativo, de responsabilidade da Corporação, visando a atender aos prazos legais previstos no Código de Processo Penal Militar;

Considerando que as providências administrativas referentes ao crime de deserção não se exaurem com a consumação do delito, mas prosseguem com a captura do desertor ou sua apresentação espontânea, determino a seguinte rotina de procedimentos a serem adotados pelos Órgãos da Corporação, visando adequá-los às normas legais que regem a matéria:

TÍTULO I
DA ROTINA APÓS A CONSUMAÇÃO DO DELITO DE DESERÇÃO

Capítulo I – Das Atribuições da OPM de Origem do Desertor

Art. 1º. Lavrado o Termo de Deserção, de acordo com o art. 451, *caput*, do CPPM e realizada sua publicação em boletim interno, a OPM do desertor deverá:

I – remeter os autos originais, de acordo com o art. 454, § 2º, e art. 456, § 4º, do CPPM diretamente à Justiça Militar do Estado, endereçados ao MM Juiz Auditor Distribuidor, acompanhados dos seguintes documentos:

a) cópia do boletim interno que publicou o termo de deserção;

b) cópia do assentamento individual do desertor, já com a transcrição do boletim interno mencionado anteriormente.

II – enviar, ao PMRG, cópia integral do termo de deserção e os seguintes documentos:

a) Assentamentos Individuais atualizados;

b) Nota de Corretivos atualizada;

c) Registro Individual de Tiro;

d) Prontuário Médico – UIS (S-28) ou Ficha de Evolução Clínica (S-136);

e) Ficha Individual de Fardamento (L-22);

f) Ficha de Avaliação de Desempenho (PMP-77);

g) Cópia do Ofício de Convocação de Conselho de Disciplina, da Portaria de Processo Disciplinar Sumário ou, ainda, do pedido de instauração de Conselho de Justificação em face do ausente, conforme art. 3º.

III – Deverá ainda o PMRG ser informado dos resultados do último Teste de Aptidão Física e último Teste de Aptidão de Tiro a que foi submetido o desertor.

Art. 2º. Simultaneamente às providências elencadas no artigo anterior, a OPM do desertor deverá comunicar o fato, de imediato, aos seguintes Órgãos:

I – Corregedoria PM, enviando cópias do termo de deserção e dos seguintes documentos (nos termos do art. 3º):

a) Ofício de Convocação de Conselho de Disciplina ou da Portaria de Processo Disciplinar Sumário, conforme o caso; ou

b) Ofício solicitando a instauração de Conselho de Justificação em face do ausente.

II – Diretoria de Pessoal, via DP-2, por meio de ofício urgentíssimo, comunicando a exclusão do estado efetivo do desertor, a contar do dia anterior à consumação da deserção, e solicitando:

a) exclusão do serviço ativo da praça desertora, para fins do disposto no art. 456, § 4º, do CPPM;

b) a agregação do policial militar desertor, a contar da data em que se consumou o crime de deserção, nos termos do art. 5º, inciso X, do Decreto-Lei nº 260, de 29.5.1970.

c) a adição ao PMRG nos termos do art. 8º, inciso II, do Decreto-Lei nº 260, de 29.5.1970;

III – Centro de Despesas de Pessoal – CDP, informando, através de ofício urgentíssimo, o último dia de vencimento (UDV) do desertor (dia anterior à falta ao serviço), solicitando o cálculo dos vencimentos a receber e a exclusão da folha de pagamentos até comunicação da captura ou apresentação espontânea do desertor.

Art. 3º. Tendo em vista que o injustificado e ilegal afastamento do policial militar de sua unidade, por si só, é conduta de extrema gravidade para a Administração Militar, passível de enquadramento no nº 2 do parágrafo único do art. 12, combinado com a letra "b" do parágrafo único do art. 15 do R-2-PM, demonstrando a incompatibilidade do policial militar com a função pública, deverá, até o sexto dia de ausência, ser instaurado o respectivo processo administrativo disciplinar (CD ou PDS), e, no caso de CJ, comunicar a Corregedoria PM, para adotar providências nesse sentido, observando-se, em todos os casos, as prescrições do art. 52 das I-16-PM.

Capítulo II – Das Atribuições da Diretoria de Pessoal

Art. 4º. A Diretoria de Pessoal, através da DP-2, deverá providenciar:

I – exclusão do serviço ativo, para fins do disposto no art. 456, § 4º, do CPPM, e agregação do policial militar desertor, a contar da data em que se consumou a deserção, nos termos do art. 5º, inciso X, do Decreto-Lei nº 260, de 29.5.1970;

II – adição do desertor ao PMRG, nos termos do art. 8º, inciso II, do Decreto-Lei nº 260, de 29.5.1970.

Capítulo III – Das Atribuições do Centro de Despesas de Pessoal

Art. 5º. O Centro de Despesas de Pessoal – CDP, com a informação do último dia de vencimento (UDV) do desertor, calculará os vencimentos a receber, determinando a exclusão da folha de pagamentos até comunicação da reversão ao serviço ativo.

202 | Manual de Polícia Judiciária Militar

Capítulo IV – Das Atribuições do Presídio Militar Romão Gomes

Art. 6º. O PMRG, ao receber os documentos citados no inciso II do art. 1º, deverá conferi-los e passar a zelar pela atualização e conservação dos mesmos.

Parágrafo único. Deverá ainda manter atualizada e em condições de pesquisa diuturna a relação de policiais militares que se encontram como desertores, inclusive quanto à distribuição do feito na Justiça Militar Estadual.

TÍTULO II
ROTINA APÓS A APRESENTAÇÃO ESPONTÂNEA OU CAPTURA DO DESERTOR

Capítulo I – Da Captura e da Apresentação Espontânea do Desertor

Art. 7º. Qualquer policial militar deverá efetuar a prisão do desertor, nos termos dos arts. 243 e 452 do CPPM, devendo o preso ser apresentado imediatamente à Autoridade Policial Militar para lavratura do Termo de Apresentação Espontânea do Desertor ou do Termo de Captura do Desertor.

Capítulo II – Da Lavratura do Termo de Captura e do Termo de Apresentação Espontânea do Desertor

Art. 8º. A Autoridade Policial Militar que capturar o desertor ou aquela a quem este se apresentar, deverá:

I – elaborar, em 5 (cinco) vias, o respectivo Termo de Captura (anexo 1) ou Termo de Apresentação Espontânea (anexo 2), conforme o caso;

II – entregar, mediante recibo, 1 (uma) via do Termo ao desertor;

III – determinar a escolta imediata do desertor ao PMRG, encaminhando 1(uma) via do Termo de Captura ou Apresentação Espontânea;

IV – encaminhar 1(uma) cópia do Termo de Captura ou Apresentação Espontânea à Corregedoria PM;

V – encaminhar 1(uma) cópia do Termo de Captura ou Apresentação Espontânea à OPM que lavrou o termo de deserção;

VI – manter uma via em arquivo da OPM.

Parágrafo único. O PMRG somente receberá o desertor se a escolta entregar, no mesmo ato, uma via do Termo de Captura ou do Termo de Apresentação Espontânea.

Art. 9º. Para efeitos do artigo anterior, considera-se Autoridade Policial Militar aquelas definidas no art. 245 do CPPM.

Capítulo III – Das Atribuições do Comandante do PMRG

Art. 10. O Comandante do PMRG deverá providenciar:

I – de imediato, se durante o expediente administrativo da Corporação, ou no primeiro dia útil subsequente à apresentação do desertor ao Presídio, a comunicação da prisão do desertor ao MM Juiz Auditor Corregedor Permanente e das Execuções Criminais da Justiça Militar e ao MM Juiz Auditor da Auditoria para onde foi distribuído o processo. Caso a captura ou apresentação espontânea do desertor ocorra antes da distribuição, a comunicação deverá ser feita apenas ao MM Juiz Auditor Corregedor Permanente e das Execuções Criminais, através de fax;

II – de imediato, se durante o expediente administrativo da Corporação, ou no primeiro dia útil subsequente à apresentação do desertor ao Presídio, encaminhá-lo ao C Med, no período matutino, para a inspeção de saúde pela JS-1;

III – imediata publicação em Boletim Interno do Termo de Captura ou de Apresentação Espontânea, e da ata de inspeção de saúde para fins de reinclusão, com os resultados, transcrevendo tudo nos assentamentos e elaborando o Adendo de Assentamentos do desertor;

IV – imediatamente após o recebimento da ata de inspeção de saúde para fins de reinclusão, efetuada pelo C Med, o envio de ofício, em caráter urgentíssimo e por meio de estafeta à Diretoria de Pessoal (via DP/2), encaminhando a cópia do Termo de Captura ou de Apresentação Espontânea, a ata de inspeção de saúde e o adendo de assentamentos, solicitando ainda a cessação da agregação do desertor e indicando, se possível, a Auditoria onde se encontra o processo.

Capítulo IV – Das Atribuições do Chefe do Centro Médico

Art. 11. O Chefe do C Med, no mesmo dia da apresentação do desertor para inspeção de saúde, fará chegar a ata de inspeção de saúde para fins de reinclusão, às mãos do Comandante do PMRG, por intermédio da própria escolta, devendo constar o eventual encaminhamento do desertor às clínicas especializadas.

Capítulo V – Das Atribuições do Diretor de Pessoal

Art. 12. O Diretor de Pessoal, tão logo receba a documentação oriunda do PMRG, deverá providenciar:

204 | MANUAL DE POLÍCIA JUDICIÁRIA MILITAR

I – a imediata publicação, em Diário Oficial, do termo de reversão ao serviço ativo e reinclusão no estado efetivo da OPM de origem do desertor;

II – a imediata transmissão, via fax, ao MM Juiz Auditor da Auditoria que se encontra o processo do expediente originário do PMRG, da portaria para publicação do ato administrativo que reverteu o desertor ao serviço ativo, do Termo de Captura ou Apresentação Espontânea e da Ata de Inspeção de Saúde para fins de reinclusão;

III – a remessa com urgência, logo após a publicação do ato administrativo em Diário Oficial, através de ofício e por estafeta, ao MM Juiz Auditor da Auditoria que se encontra o processo, do Termo de Apresentação Espontânea ou de Captura do desertor, da ata de inspeção de saúde para fins de reinclusão, do adendo de assentamentos e da cópia da publicação do ato administrativo na Imprensa Oficial.

Disposições Finais

Art. 13. O Cmt da OPM que lavrou o Termo de Deserção deverá acompanhar, logo após o encaminhamento do Termo de Deserção à Justiça Militar, a regularidade do feito, tomando conhecimento da cota do Ministério Público e do despacho da autoridade judiciária militar (art. 457, *caput*, do CPPM) providenciando, em caso de inépcia do Termo de Deserção, a imediata comunicação ao PMRG e à Correg PM, através de ofício urgentíssimo.

Art. 14. Se ao final do processo administrativo disciplinar (CJ, CD ou PDS), instaurado conforme o art. 3º, ao policial militar for cominada pena administrativa de expulsão ou demissão, o Cmt da OPM do ausente (ou o Cmt do PMRG, caso perdure sua ausência), ao efetuar a exclusão deverá, de imediato, informar tal fato ao MM Juiz Auditor da Auditoria que se encontra com processo (utilizando-se o número deste como referência).

Parágrafo único. Igual providência deverá ser adotada no caso de demissão, expulsão ou exoneração do policial militar por motivos diversos daquele constante do art. 3º.

Art. 15. As autoridades e OPM elencados anteriormente tomarão providências para o estrito cumprimento da presente norma, zelando para que os documentos e informações nela previstos, cheguem à Justiça Militar no mais curto espaço de tempo possível.

Art. 16. A presente norma não encerra o assunto, podendo, no futuro, ser complementada.

In: Boletim Geral 146/1999

2. PROVIMENTO CorregG JMSP Nº 002/2002

Normatiza sobre substâncias entorpecentes, químicas, tóxicas, inflamáveis, explosivas e/ou assemelhadas

O Juiz LOURIVAL COSTA RAMOS, Corregedor Geral da Justiça Militar do Estado de São Paulo, no uso de suas atribuições legais;

Considerando:

— a Seção V, do Capítulo V das Normas da Corregedoria Geral de Justiça, que disciplina o depósito, exame, acondicionamento e destruição de substâncias entorpecentes, químicas, tóxicas, inflamáveis, explosivas e/ou assemelhadas,

— a ausência de Normas sobre o assunto nesta Justiça Militar;

Resolve:

Art. 1º. As substâncias entorpecentes ou que determinem dependência física ou psíquica ou medicamentos que as contenham, bem como as químicas, tóxicas, inflamáveis, explosivas e/ou assemelhadas, não serão recebidas pelos ofícios da justiça militar, permanecendo em depósito junto à autoridade policial militar que preside ou presidiu o inquérito policial militar ou nas dependências do órgão encarregado de efetivar o exame cabível, dando-lhes, em seguida, o encaminhamento previsto em lei.

Art. 2º. O auto de apreensão policial militar de qualquer das substâncias referidas no item precedente deverá apresentar, entre outros requisitos, a menção da quantidade, peso ou volume apreendidos pela autoridade militar.

Art. 3º. Os laudos de constatação e toxicológico deverão obrigatoriamente mencionar o peso, quantidade ou volume, conforme o caso, das substâncias apreendidas, a quantidade empregada, bem como a não utilizada na perícia, como esclarecimentos sobre o número do lote de onde foram retiradas.

Parágrafo único. As substâncias entorpecentes e assemelhadas, descritas em item anterior, após a pesagem, contagem ou medição e retirada de quantidade suficiente para exame pericial, deverão ser apropriadamente acondicionadas e lacradas.

Art. 4º. A autoridade policial militar deverá, tão logo seja possível, providenciar autorização judicial para encaminhar à destruição as substâncias entorpecentes e assemelhadas, bem como as químicas, tóxicas, inflamáveis e explosivas apreendidas, nos termos legais.

Art. 5º. Ocorrendo a apreensão de grande quantidade de substâncias entorpecentes ou consideradas perigosas, deverá a autoridade policial militar provocar o juiz da auditoria do processo ou, na sua falta, o juiz corregedor permanente da polícia

206 | MANUAL DE POLÍCIA JUDICIÁRIA MILITAR

judiciária militar, para o fim de obter imediata autorização para sua destruição, reservando-se quantidade razoável para o imprescindível exame e contraprova.

Art. 6º. Este Provimento entrará em vigor na data de sua publicação.

Registre-se e Publique-se. São Paulo, 5 de setembro de 2002.

Juiz Corregedor Geral

Disponível em <www.tjmsp.jur.br>

3. PORTARIA CorregG JMSP Nº 003/2003

Dispõe sobre a aplicação do Artigo 68 do Estatuto de Roma do Tribunal Penal Internacional, que trata da "Proteção das Vítimas e das Testemunhas e sua Participação no Processo"

O Juiz LOURIVAL COSTA RAMOS, Corregedor Geral da Justiça Militar do Estado de São Paulo, no uso das atribuições legais estabelecidas no art. 13, inciso V, do Regimento Interno do Tribunal de Justiça Militar do Estado de São Paulo,

Considerando que o Presidente da República, no uso da atribuição que lhe confere o art. 84, inciso VIII, da Constituição, por meio do Decreto nº 4.388, de 25 de setembro de 2002, publicado no *DOU* nº 187 de 26.9.2002, pág. 3, determinou a execução e o cumprimento do Estatuto de Roma do Tribunal Penal Internacional, que fora aprovado pelo Congresso Nacional, com Decreto Legislativo nº 112, de 6 de junho de 2002;

Considerando o Artigo 68 do Estatuto de Roma do Tribunal Penal Internacional, que trata da "Proteção das Vítimas e das Testemunhas e sua Participação no Processo", estabelece que:

1. O Tribunal adotará as medidas adequadas para garantir a segurança, o bem-estar físico e psicológico, a dignidade e a vida privada das vítimas e testemunhas. Para tal, o Tribunal levará em conta todos os fatores pertinentes, incluindo a idade, o gênero tal como definido no parágrafo 3º do Artigo 7º, e o estado de saúde, assim como a natureza do crime, em particular, mas não apenas quando este envolva elementos de agressão sexual, de violência relacionada com a pertença a um determinado gênero ou de violência contra crianças. O Procurador adotará estas medidas, nomeadamente durante o inquérito e o procedimento criminal. Tais medidas não poderão prejudicar nem ser incompatíveis com os direitos do acusado ou com a realização de um julgamento equitativo e imparcial;

2. Enquanto excepção ao princípio do caráter público das audiências estabelecido no Artigo 67, qualquer um dos Juízos que compõem o Tribunal poderá, a fim de

proteger as vítimas e as testemunhas ou o acusado, decretar que um ato processual se realize, no todo ou em parte, à porta fechada ou permitir a produção de prova por meios eletrônicos ou outros meios especiais. Estas medidas aplicar-se-ão, nomeadamente, no caso de uma vítima de violência sexual ou de um menor que seja vítima ou testemunha, salvo decisão em contrário adotada pelo Tribunal, ponderadas todas as circunstâncias, particularmente a opinião da vítima ou da testemunha;

3. Se os interesses pessoais das vítimas forem afetados, o Tribunal permitir-lhes-á que expressem as suas opiniões e preocupações em fase processual que entenda apropriada e por forma a não prejudicar os direitos do acusado nem a ser incompatível com estes ou com a realização de um julgamento equitativo e imparcial. Os representantes legais das vítimas poderão apresentar as referidas opiniões e preocupações quando o Tribunal o considerar oportuno e em conformidade com o Regulamento Processual;

4. A Unidade de Apoio às Vítimas e Testemunhas poderá aconselhar o Procurador e o Tribunal relativamente a medidas adequadas de proteção, mecanismos de segurança, assessoria e assistência a que se faz referência no parágrafo 6º do Artigo 43;

5. Quando a divulgação de provas ou de informação, de acordo com o presente Estatuto, representar um grave perigo para a segurança de uma testemunha ou da sua família, o Procurador poderá, para efeitos de qualquer diligência anterior ao julgamento, não apresentar as referidas provas ou informação, mas antes um resumo das mesmas. As medidas desta natureza deverão ser postas em prática de uma forma que não seja prejudicial aos direitos do acusado ou incompatível com estes e com a realização de um julgamento equitativo e imparcial;

6. Qualquer Estado poderá solicitar que sejam tomadas as medidas necessárias para assegurar a proteção dos seus funcionários ou agentes, bem como a proteção de toda a informação de caráter confidencial ou restrito.

Considerando que o Decreto do Presidente da República, promulgando o Estatuto de Roma do Tribunal Internacional devidamente ratificado pelo Congresso Nacional, garante a sua aplicação imediata na legislação interna, com hierarquia equivalente às leis federais;

Considerando que a segurança pública é dever do Estado, direito e responsabilidade de todos, exercida para a preservação da ordem pública e da incolumidade das pessoas;

Considerando que a lei determina a adoção de medidas de proteção às vítimas e testemunhas, especialmente aquelas expostas a grave ameaça ou que estejam coagidas em razão de colaborarem com investigação ou processo criminal;

Considerando que a lei restringe a publicidade dos atos processuais quando a defesa da intimidade ou o interesse social o exigirem.

208 | MANUAL DE POLÍCIA JUDICIÁRIA MILITAR

Resolve:

Art. 1º. Aplicam-se as disposições deste provimento aos inquéritos e processos em que os réus são acusados dos seguintes crimes militares: homicídio doloso (art. 205, *caput*, e seu § 2º); sequestro ou cárcere privado (art. 225, *caput*, e seus §§ 1º, 2º e 3ª); roubo (art. 242, *caput*, e seus §§ 1º, 2º e 3º); extorsão (art. 243, *caput*, e seus §§ 1º e 2º); extorsão mediante sequestro (art. 244, *caput*, e seus §§ 1º, 2º e 3º); estupro (art. 232, *caput*, e sua combinação com o art. 237 e seus incisos I e II); atentado violento ao pudor (art. 233, *caput*, e sua combinação com o art. 237 e seus incisos I e II); epidemia com resultado morte (art. 292, § 1º); envenenamento com perigo extensivo e caso assimilado qualificado pela morte (art. 293, *caput*, e seus §§ 1º e 2º); genocídio (art. 208, *caput*); tráfico, posse ou uso de entorpecente ou substância de efeito similar e casos assimilados (art. 290, *caput*, e seus §§ 1º e 2º).

Art. 2º. Quando vítimas ou testemunhas reclamarem de coação ou grave ameaça, em decorrência de depoimentos que devam prestar ou tenham prestado, Juízes Auditores e Oficiais da Polícia Militar no exercício da função de polícia militar judiciária estão autorizados a proceder conforme dispõe o presente provimento.

Art. 3º. Quando as vítimas ou testemunhas coagidas ou submetidas a grave ameaça, em assim desejando, não terão quaisquer de seus endereços e dados de qualificação lançados nos termos de seus depoimentos. Aqueles ficarão anotados em impresso distinto, remetido pela Autoridade de Polícia Judiciária Militar ao Juiz Auditor competente juntamente com os autos do inquérito após edição do relatório e solução. No Ofício de Justiça, será arquivada a comunicação em pasta própria, autuada com, no máximo, duzentas folhas, numeradas, sob responsabilidade do Escrivão.

Art. 4º. Na capa do feito serão lançadas duas tarjas vermelhas, que identificam tratar-se de processo onde vítimas ou testemunhas postularam o sigilo de seus dados e endereços, consignando-se, ainda, os indicadores da pasta onde estão depositados os dados reservados.

Art. 5º. O acesso à pasta fica garantido ao Ministério Público e ao Defensor constituído ou nomeado nos autos, com controle de vistas, feito pelo Escrivão, declinando data.

Art. 6º. O mandado de intimação de vítima ou testemunha, que reclame tais providências, será feito em separado, individualizado, de modo que os demais convocados para depoimentos não tenham acesso aos seus dados pessoais.

Parágrafo único. Após cumprimento, apenas será juntada aos autos a correspondente certidão do Oficial de Justiça, sem identificação dos endereços, enquanto o original do mandado será destruído pelo Escrivão.

Art. 7º. Ficam inseridas nas redações do Capítulo II e do Capítulo IV, seção II, Subseção I, das Normas de Serviço da Justiça Militar do Estado de São Paulo os itens:

(Capítulo II)

DUAS TARJAS VERMELHAS: processo em que a vítima ou testemunha pede para não ter identificados seus endereços e dados de qualificações;

Os dados pessoais, em especial os endereços de vítimas e testemunhas, que tiverem reclamado de coação ou grave ameaça em decorrência de depoimentos que tenham prestado ou devam prestar no curso do inquérito ou do processo, após o deferimento da autoridade competente, devem ser anotados em separado, fora dos autos, arquivados sob a guarda do Escrivão do correspondente Ofício de Justiça, com acesso exclusivo aos Juízes Auditores, Promotores de Justiça e Advogados constituídos ou nomeados nos respectivos autos, com controle de vistas.

Na capa dos autos serão lançadas duas tarjas vermelhas, apontando tratar-se de processo onde vítimas ou testemunhas postularam o sigilo de seus endereços, bem como consignando-se os dados identificadores da pasta onde foram depositados os dados reservados.

As pastas terão, no máximo, duzentas folhas, que serão numeradas e, após o encerramento, lacradas e arquivadas.

(Capítulo IV, seção II, Subseção I)

Os mandados de intimação de vítimas ou testemunhas, quando estas derem conta de coação ou grave ameaça, após deferimento do Juiz, serão elaborados em separado, individualizados;

Uma vez cumpridos, apenas serão juntadas aos autos as certidões do Oficial de Justiça, nelas não sendo consignados os endereços e dados das pessoas procuradas. Os originais dos mandados serão destruídos pelo Escrivão.

Art. 8º. A presente Portaria entrará em vigor na data de sua publicação.

Publique-se e cumpra-se. São Paulo, 27 de março de 2003.

Lourival Costa Ramos – Juiz Corregedor Geral da Justiça Militar

Disponível em <www.tjmsp.jur.br>

4. PROVIMENTO CorregG JMSP Nº 003/2005

Orientação Normativa – Acidente de Trânsito

O Juiz AVIVALDI NOGUEIRA JÚNIOR, Corregedor Geral da Justiça Militar do Estado de São Paulo, no uso de suas atribuições legais e regimentais,

210 | MANUAL DE POLÍCIA JUDICIÁRIA MILITAR

Considerando que compete à Polícia Judiciária Militar a apuração dos crimes militares, bem como os que, por lei especial, estão sujeitos à jurisdição militar e sua autoria, nos termos da letra "a" do art. 8º do Código de Processo Penal Militar;

Considerando as definições de crime militar constantes no Código Penal Militar, em especial no inciso II do art. 9º;

Considerando a jurisprudência do Colendo Supremo Tribunal Federal, no sentido de ser de competência da Justiça Militar processar e julgar acidente de trânsito envolvendo viatura militar, ainda que a vítima seja civil (RE 146.816-5/SP, HC 53.379/RJ, RE 135.195-1/DF, RHC 70.359-3/DF);

Considerando o teor das decisões do Egrégio Superior Tribunal Militar, que afirma não ter havido derrogação de dispositivo algum do Código Penal Militar em decorrência da vigência do Código de Trânsito Brasileiro, uma vez que tutelam bens jurídicos diversos (Recurso n°. 6520-8/MG, Recurso n°. 6521.6/MG, Recurso n°. 6537-2/RJ, Recurso n°. 7063-5/RJ e Recurso n° 7098-8/RJ);

Considerando o conteúdo das decisões do Egrégio Tribunal de Justiça Militar do Estado de São Paulo, no sentido de inexistir conflito de normas entre o Código Penal Militar e o Código de Trânsito Brasileiro, eis que tutelam bens jurídicos distintos e ainda o entendimento de que as viaturas, trailers e unidades móveis são consideradas como lugares sujeitos à administração militar (Recurso em Sentido Estrito n°. 974/05, Recurso Inominado n°. 030/04, Recurso Inominado n°. 035/04, Recurso Inominado n°. 036/04 e Recurso Inominado n°. 037/04);

Resolve:

Art. 1º. Compete à Polícia Judiciária Militar a apuração de fatos decorrentes de acidentes de trânsito envolvendo veículos automotores de propriedade ou sob responsabilidade da Polícia Militar do Estado de São Paulo, caracterizados ou não, não importando a qualificação das vítimas.

Art. 2º. Compete ao Juiz de Direito do Juízo Militar Estadual a análise e decisão sobre a existência do crime e sua natureza, nos termos da legislação vigente.

Art. 3º. Este Provimento entra em vigor na data de sua publicação.

Publique-se. Cumpra-se. São Paulo, 9 de novembro de 2005.

Arivaldi Nogueira Júnior – Juiz Corregedor Geral

Disponível em <www.tjmsp.jur.br>

ANEXOS | 211

5. PROVIMENTO CorregG JMSP Nº 004/2007

Orientação Normativa – Apreensão de instrumentos ou objetos em Inquéritos Policiais Militares

O Presidente do Tribunal de Justiça Militar e o Corregedor Geral da Justiça Militar, no uso de suas atribuições legais e regimentais;

Considerando que o § 4º do art. 125 da Constituição Federal dispõe que os crimes militares definidos em lei, quando dolosos contra a vida tendo como vítima um civil, são da competência do júri;

Considerando que o § 2º do art. 82 do Código de Processo Penal Militar dispõe que nesses casos a Justiça Militar encaminhará os autos do inquérito policial militar à Justiça Comum;

Considerando que os Títulos II e III do Livro I do Código de Processo Penal Militar tratam detalhadamente do exercício da polícia judiciária militar e da elaboração do inquérito policial militar;

Considerando que ainda assim, quando da instauração de inquéritos policiais militares para apuração de crimes dolosos contra a vida tendo como vítima um civil, algumas dúvidas têm surgido sobre o correto proceder em relação à apreensão de instrumentos ou objetos que digam respeito ao fato;

Considerando a conveniência de se baixar uma orientação normativa a respeito do assunto, evitando que essas dúvidas resultem no desatendimento do princípio constitucional da celeridade no trâmite desses feitos;

Resolvem:

Art. 1º. Em obediência ao disposto no art. 12, na alínea "b", do Código de Processo Penal Militar, a autoridade policial militar a que se refere o § 2º do art. 10 do mesmo Código deverá apreender os instrumentos e todos os objetos que tenham relação com a apuração dos crimes militares definidos em lei, quando dolosos contra a vida tendo como vítima um civil.

Art. 2º. Em observância ao previsto nos arts. 8º, alínea "g", e 321 do Código de Processo Penal Militar, a autoridade de polícia judiciária militar deverá requisitar das repartições técnicas civis as pesquisas e exames necessários ao complemento da apuração dos crimes militares definidos em lei, quando dolosos contra a vida tendo como vítima um civil.

Art. 3º. Nos casos em que o órgão responsável pelo exame pericial proceder a liberação imediata, o objeto ou instrumento deverá ser apensado aos autos quando da remessa à Justiça Militar, nos termos do art. 23 do Código de Processo Penal Militar.

212 | MANUAL DE POLÍCIA JUDICIÁRIA MILITAR

Art. 4º. Nas hipóteses em que o objeto ou instrumento permaneça no órgão responsável pelo exame pericial e somente posteriormente venha a ser encaminhado à autoridade de polícia judiciária militar, esta deverá também prontamente, quando do recebimento, efetuar o envio desse material à Justiça Militar, referenciando o procedimento ao qual se relaciona.

Parágrafo único. O mesmo procedimento deverá ser adotado pela autoridade de polícia judiciária militar quando do recebimento do laudo ou exame pericial.

Art. 5º. Este Provimento entra em vigor na data de sua publicação.

São Paulo, 5 de dezembro de 2007.

Evanir Ferreira Castilho – Juiz Presidente

Fernando Pereira – Juiz Corregedor Geral

DOE nº 43, de 6.12.2007

6. PORTARIA CorregG JMSP Nº 021/2010

Disciplina a guarda, manutenção e destinação das armas, explosivos, munições, objetos e valores apreendidos

O Corregedor Geral da Justiça Militar, nos termos do inciso V, do art. 14, do Regimento Interno do Tribunal de Justiça Militar do Estado de São Paulo;

Considerando a necessidade de serem disciplinadas a guarda, manutenção e destinação das armas, explosivos, munições, objetos e valores apreendidos;

Resolve:

Art. 1º. As armas, munições, explosivos, objetos e valores (dinheiro, cheque, nota promissória, duplicata e congêneres), apreendidos pelas autoridades de polícia judiciária militar, deverão ser encaminhados, juntamente com o inquérito policial militar ou procedimento de investigação, devidamente relacionados, em 2 (duas) vias, o que será exigido pelo servidor da Seção de Protocolo e Expediente que os receber.

Art. 2º. Assim que recebidos e registrados na Seção de Protocolo e Expediente, os autos, as armas, munições, explosivos, objetos e valores, acompanhados de uma das vias da relação, serão encaminhados à Seção de Distribuição de Primeira Instância, a fim de que sejam cadastrados e etiquetados, com menção ao número do registro do protocolo geral, número do processo e ao nome das partes envolvidas.

Art. 3º. As armas, munições, explosivos, objetos e valores apreendidos, exceto em dinheiro nacional ou estrangeiro, depois de etiquetados, serão encaminhados, no mesmo dia em que deram entrada ao Arquivo Geral. O servidor do Arquivo que os receber providenciará o lacre em embalagem plástica (obrigatório para armas, munições, explosivos, joias e valores, exceto dinheiro), se possível, e os guardará em local apropriado e seguro (armas, munições, explosivos, joias e valores – no cofre).

Art. 4º. Feita a distribuição, a Chefe da Seção comunicará ao servidor responsável pelo Arquivo Geral a Auditoria Militar Estadual de destino dos autos, a fim de que seja anotado na etiqueta.

Art. 5º. No Arquivo Geral, as armas, munições, explosivos, objetos e valores serão mantidos devidamente classificados e registrados no sistema informatizado, destinado ao gerenciamento e controle, de modo a facilitar sua procura e a permitir o fornecimento de informações.

Art. 6º. Os autos, com valores em dinheiro nacional ou estrangeiro apreendidos serão distribuídos imediatamente e retirados logo em seguida da Seção de Distribuição, a mando do coordenador da respectiva Auditoria que, incontinente, os levará ao juiz, para decidir o destino do dinheiro. O dinheiro que não possa ser devolvido de imediato às vítimas e ou indiciados será depositado em uma conta do Banco do Brasil vinculada ao juízo, computando-se juros e correção monetária. O dinheiro estrangeiro será convertido em moeda nacional para ser depositado. O formulário para o depósito judicial deve ser impresso na pagina do Banco do Brasil na internet (*www.bb.com.br*), link: "Governo" – "Judiciário" – "Serviços Exclusivos" – "Depósitos Judiciais" – "ID Depósito" – "Justiça Estadual" – "Primeiro Depósito (ou depósito em continuação, caso o depositante já tenha efetuado depósito anterior para o mesmo processo)." – "UF : SP" – "Tribunal de Justiça Militar Est" – "Nome da Comarca (Auditoria): São Paulo-TJ Militar" – preenchimento dos dados referentes ao processo.

Art. 7º. Quando do recebimento dos autos distribuídos, ou no curso deste, o coordenador da Auditoria verificará, anotando em uma folha grampeada na contracapa dos autos, com o número de folhas, se o caso;

a) nome do réu;

b) advogado;

c) o artigo de lei em que está incurso o réu;

d) data do recebimento da denúncia;

e) data da citação;

f) data do interrogatório;

g) testemunhas da acusação, da defesa e do juízo ouvidas;

h) arma apreendida;

i) objeto apreendido;

214 | Manual de Polícia Judiciária Militar

j) valor apreendido;

k) veículo apreendido;

l) data da prescrição em abstrato;

m) arts. 427 e 428 do CPPM;

m) laudos e perícias;

• *Conforme DJME nº 655, de 17.9.2010.*

n) promotor de justiça designado.

Art. 8º. Feitas as anotações, o Coordenador deverá verificar se as armas, munições, explosivos, valores (exceto dinheiro) e objetos foram devidamente encaminhados ao Arquivo Geral. Em caso negativo, tomará imediatamente as providências cabíveis para tal fim.

Art. 9º. Tão logo recebidos os autos com armas de fogo, munições, explosivos e objetos apreendidos, o juiz intimará os apontados proprietários, por ocasião do primeiro ato processual ou na decisão de arquivamento do inquérito policial militar, para que, no prazo de dez dias, reclamem a restituição dos bens que não mais tenham interesse processual, comprovando a titularidade e ou registro, sob pena de perdimento. Neste caso, as armas, munições e explosivos serão liberadas para encaminhamento ao Exército, para destruição. Quando não identificadas ou não passíveis de regularização e as de calibre não autorizado (de uso privativo das Forças Armadas) também serão liberadas para tal fim.

§ 1º. Os instrumentos do crime previsto no art. 109, II, letra a, do Código Penal Militar, quando não mais houver interesse processual, serão liberados para destruição.

§ 2º. O produto do crime ou de qualquer bem ou valor que constitua proveito auferido pelo agente com a sua prática poderão ser restituídos somente ao lesado ou a terceiro de boa fé.

§ 3º. As armas, munições e explosivos apreendidos, pertencentes à Polícia Militar ou Civil, serão, quando não mais houver interesse processual, colocados à disposição da referida instituição, devendo ser retiradas por autoridade credenciada, conforme a origem.

§ 4º. Os objetos apreendidos não reclamados e que não mais tenham interesse processual serão liberados para serem doados ao Presídio da Polícia Militar "Romão Gomes" (PMRG). Se não houver interesse do Presídio, o Juiz Corregedor Permanente mandará avaliar e leiloar os bens. O valor apurado será depositado na Conta Movimento PMRG do Banco do Brasil, Agência nº 6834 (Agência localizada no Hospital Militar), conta corrente nº 130525-5. Conta esta destinada à movimentação de dinheiro utilizado para as atividades de recuperação e ressocialização dos presos do Presídio.

§ 5º. Quaisquer outros bens serão liberados na forma do parágrafo anterior.

§ 6º. No julgamento do processo, o juiz decidirá também a respeito das armas, munições, explosivos, objetos e valores que ainda permanecem apreendidos.

§ 7º. Nenhum processo, inquérito policial militar ou feito será encaminhado ao arquivo sem decisão de destino das armas, munições, explosivos, objetos e valores que ainda permanecem apreendidos.

§ 8º. O Juiz Corregedor Permanente será comunicado imediatamente das decisões de liberação das Auditorias.

Art. 10. Recebida a comunicação da disponibilidade das armas, explosivos e munições para encaminhamento ao Exército, para destruição, o Juiz Corregedor Permanente deverá oficiar previamente ao 22º Depósito de Suprimento da 2ª Região Militar do Exército, para agendamento da entrega, atendendo às exigências da Portaria Ministerial 341/81, de 02.04.81, com prévia relação do material que será encaminhado, utilizando-se para tanto do telefone (011) 41623772.

Art. 11. Confirmada a data para o recebimento das armas, o transporte será feito em veículo do Tribunal de Justiça Militar, sob responsabilidade de oficial de justiça previamente designado, com escolta da Polícia Militar.

Art. 12. A entrega será formalizada mediante a lavratura do respectivo termo, pormenorizado, cujo expediente deverá ser feito em três vias.

Art. 13. Fica expressamente proibida a entrega de armas, explosivos, munições, objetos e valores apreendidos e confiados ao Arquivo Geral, mesmo que a título de depósito, para qualquer pessoa ou instituição.

Art. 14. A autorização para o levantamento de valores depositados no banco será requerida ao juiz da Auditoria.

Art. 15. Os veículos, embarcações, aeronaves e quaisquer outros meios de transporte apreendidos ficarão sob custódia da polícia judiciária militar, até que o juiz decida o destino, observadas, no que couberem as mesmas regras aqui estabelecidas.

Art. 16. De todo ato realizado para dar destino às coisas será lavrado termo, para juntada nos autos.

Art. 17. A autoridade de polícia judiciária militar mandará avaliar o produto do crime ou qualquer bem que constitua proveito auferido pelo agente com a sua prática, tão logo seja apreendido.

Art. 18. O Ministério Público será ouvido em todas as decisões de liberação ou destinação dos bens apreendidos.

Art. 19. Este Provimento entra em vigência na data da sua publicação.

São Paulo, 15 de setembro de 2010.

Orlando Eduardo Geraldi – Juiz Corregedor Geral

DJME nº 655, de 17.9.2010 – Disponível em www.tjmsp.jur.br

REFERÊNCIAS

ALFERES, Eduardo Henrique. "Lei 12.037/09: novamente a velha identificação criminal". *Boletim IBCCrim*, v. 207, p. 18-9, 2010.

_____. "Novas normas de embriaguez ao volante". *Âmbito Jurídico*, v. 55, 2008.

ASSIS, Jorge César de. *Código de Processo Penal Militar Anotado*. 2. ed. v. 1. Curitiba: Juruá, 2006.

_____. *Comentários ao Código Penal Militar*. 6. ed. Curitiba: Juruá, 2007.

_____. *Curso de Direito Disciplinar Militar. Da Simples Transgressão ao Processo Administrativo*. 2. ed. Curitiba: Juruá, 2009.

_____. NEVES, Cícero Robson Coimbra; CUNHA, Fernando Luiz. *Lições de Direito para a atividade das polícias militares e das Forças Armadas*. 6. ed. Curitiba: Juruá, 2005.

BANDEIRA DE MELLO, Celso Antônio. *Curso de Direito Administrativo*. 25. ed. São Paulo: Malheiros, 2008.

BANDEIRA, Esmeraldino. *Direito, Justiça e Processo Militar*. Rio de Janeiro: Francisco Alves. v. 1, 1919.

BATISTA, Nilo. *Punidos e mal pagos: violência, justiça, segurança pública e Direitos Humanos no Brasil de hoje*. Rio de Janeiro: Revan, 1990.

BENTO DE FARIA, Antônio. Código de Processo Penal. v. 1. Rio de Janeiro: Livraria Jacintho, 1942. p. 31. In: SILVA, José Geraldo. *O inquérito policial e a política judiciária*. 4. ed. Campinas: Millenium, 2002.

BRANCO, Teles Castelo. Da prisão em flagrante. 4. ed. São Paulo: Saraiva, 1988. Apud MORAES, Reinaldo Zychan. *Os crimes militares e o inquérito policial militar: uma visão crítica*. São Paulo: Livraria Científica Ernesto Reichmann, 2003.

CONSELHO NACIONAL DOS PROCURADORES GERAIS DOS MINISTÉRIOS PÚBLICOS DOS ESTADOS E DA UNIÃO. *Manual nacional de controle externo da atividade policial*. Goiânia: MP, 2009.

COSTA, Alexandre Henriques da. *Manual prático dos atos de polícia judiciária militar*. São Paulo: Suprema Cultura, 2007.

DAURA, Anderson Souza. *Inquérito policial: competência e nulidades de atos de polícia judiciária*. Curitiba: Juruá, 2007.

DEL-CAMPO, Eduardo Roberto Alcântara. *Medicina legal*. São Paulo: Saraiva, 2005.

218 | MANUAL DE POLÍCIA JUDICIÁRIA MILITAR

DESGUALDO, Marco Antonio. *Crimes contra a vida: recognição visuográfica e a lógica na investigação*. 2. ed. São Paulo: Gráfica da Academia de Polícia, 2006.

DEZEM, Guilherme Madeira et. al. *Prática penal*. 6. ed. São Paulo: Revista dos Tribunais, 2009.

DIDIER JR., Fredie; BRAGA, Paulo Sarno; OLIVEIRA, Rafael. *Curso de Direito Processual Civil*. 4. ed. v. 2. Salvador: Juspodivm, 2009.

DI PIETRO, Maria Sylvia Zanella. *Direito Administrativo*. 24. ed. São Paulo: Atlas, 2011.

GARCIA, Ismar Estulano. *Inquérito – procedimento policial*. Goiânia: AB Editora, 1987. Apud SILVA, José Geraldo da. *O inquérito policial e a polícia judiciária*. 4. ed. Campinas: Millenium, 2002.

GOFFMAN, Erving. *Estigma: notas sobre a manipulação da identidade deteriorada*. 4. ed. Rio de Janeiro: LTC, 1998.

GOMES, Luiz Flávio; PABLOS DE MOLINA, Antonio García. *Direito Penal: parte geral*. v. 2. São Paulo: Revista dos Tribunais, 2007.

GOMES, Luiz Flávio et. al. *Nova Lei de Drogas comentada*. São Paulo: Revista dos Tribunais, 2006.

GONÇALVES, Marcus Vinicius Rios. *Novo curso de Direito Processual Civil. Teoria geral e processo de conhecimento*. 7. ed. v. 1. São Paulo: Saraiva, 2010.

GRECO, Rogério. *Atividade policial: aspectos penais, processuais penais, administrativos e constitucionais*. 2. ed. Niteroi: Impetus, 2009.

LAZZARINI, Álvaro. *Estudos de Direito Administrativo*. São Paulo: Revista dos Tribunais, 1996.

LIMA, Renato Brasileiro de. *Manual de Processo Penal*. v. 1. Niterói: Impetus, 2011.

LOBÃO, Célio. *Direito Processual Penal Militar*. São Paulo: Método, 2009.

_____. O art. 42 da Constituição. Crime militar. Equiparação de policial militar a militar das Forças Armadas. Entendimento do STF. *Revista Direito Militar*, Florianópolis, n. 49, 2004, p. 6.

LOPES JR., Aury. *Direito Processual Penal e sua conformidade constitucional*. 4. ed. v. 1. Rio de Janeiro: Lumen Juris, 2009.

LOUREIRO NETO, José da Silva. *Processo Penal Militar*. 4. ed. São Paulo: Atlas, 1999.

MACHADO, Angela C. Cangiano; JUNQUEIRA, Gustavo Octaviano Diniz; FULLER, Paulo Henrique Aranda. *Processo Penal*. 3. ed. São Paulo: DPJ, 2004.

MARANHÃO, Odon Ramos. *Curso básico de Medicina Legal*. 8. ed. São Paulo: Malheiros, 2000.

MARQUES, José Frederico. *Elementos de Direito Processual Penal*. v. 1. Campinas: Millennium, 2009a.

_____. *Elementos de Direito Processual Penal*. v. 2. Campinas: Millennium, 2009b.

MARQUES, Oswaldo Henrique Duek. "Breves considerações sobre a criminalização da tortura". *In: Boletim do IBCCrim*, n. 56, julho de 1997.

MARTINS, Eliezer Pereira. *Lei Disciplinar da Polícia Militar do Estado de São Paulo*. São Paulo: Leud, 2008.

_____. *O militar vítima do abuso de autoridade*. 2. ed. São Paulo: LED, 1996.

_____; CAPANO, Evandro Fabiani. *Inquérito policial militar*. São Paulo: LED, 1996.

MENDES, Gilmar Ferreira; COELHO, Inocêncio Mártires; BRANCO, Paulo Gustavo Gonet. *Curso de Direito Constitucional*. 5. ed. São Paulo: Saraiva, 2010.

MIRABETE, Julio Fabbrini. *Processo Penal*. 10. ed. São Paulo: Atlas, 2000.

MONDIN, Augusto. Manual de inquérito policial. 6. ed. São Paulo: Sugestões Literárias, 1965 apud SILVA, José Geraldo da. *O inquérito policial e a política judiciária*. 4. ed. Campinas: Millenium, 2002.

MORAES, Reinaldo Zychan. *Os crimes militares e o inquérito policial militar: uma visão crítica*. São Paulo: Livraria Científica Ernesto Reichmann, 2003.

NEGRINI NETO, Osvaldo (Org.). *Manual de requisições periciais* (Polícia Civil do Estado de São Paulo). São Paulo: Academia de Polícia Civil, 2007.

NEVES, Cícero Robson Coimbra. A prova ilícita no CPPM em face das novas alterações da legislação processual penal. *Jusmilitaris*. Disponível em: <http://www.jusmilitaris. com.br/uploads/docs/provailicitacppm.pdf> Acesso em 13. out. 2012a.

_____. Autoridade de polícia judiciária militar e a avaliação do conceito analítico de crime. *Jusmilitaris*. Disponível em: <http://www.jusmilitaris.com.br/uploads/docs/autoridadepoliciajud.pdf> Acesso em: 13. out. 2012b.

_____; STREIFINGER, Marcello. *Apontamentos de Direito Penal Militar*. v. 1. São Paulo: Saraiva, 2005.

_____. *Apontamentos de Direito Penal Militar*. v. 2. São Paulo: Saraiva, 2007.

_____. *Manual de Direito Penal Militar*. 2. ed. São Paulo: Saraiva, 2012.

NUCCI, Guilherme de Souza. *Código de Processo Penal comentado*. 6. ed. São Paulo: Revista dos Tribunais, 2007a.

_____. *Leis penais e processuais penais comentadas*. 2. ed. São Paulo: Revista dos Tribunais, 2007b.

_____. *Manual de Direito Penal*. São Paulo: Revista dos Tribunais, 2005b.

_____. *Manual de Processo e Execução Penal*. São Paulo: Revista dos Tribunais, 2005a.

_____. *O valor da confissão como meio de prova no Processo Penal*. 2. ed. São Paulo: Revista dos Tribunais, 1999.

_____. *Princípios constitucionais penais e processuais penais*. São Paulo: Revista dos Tribunais, 2010.

OLIVEIRA, Eugênio Pacelli de. *Curso de Processo Penal*. 10. ed. Rio de Janeiro: Lumen Juris, 2008.

POLÍCIA CIVIL DO ESTADO DE SÃO PAULO. Delegacia Geral de Polícia. *Manual de polícia judiciária*. 4. ed. São Paulo: Imprensa Oficial, 2006a.

220 | Manual de Polícia Judiciária Militar

_____. *Manual operacional da polícia civil*. 4. ed. São Paulo: Imprensa Oficial, 2006b.

PRADO, Luiz Regis. *Curso de Direito Penal brasileiro*. 8. ed. v. 1. São Paulo: Revista dos Tribunais, 2008.

RANGEL, Paulo. *Direito Processual Penal*. 17. ed. Rio de Janeiro: Lumen Juris, 2010.

REIS, Jair Teixeira. *Direitos Humanos para provas e concursos*. Curitiba: Juruá, 2006.

ROCHA, Luiz Carlos. *Investigação policial: teoria e prática*. 2. ed. São Paulo: Edipro, 2003.

ROMEIRO, Jorge Alberto. *Curso de Direito Penal Militar: parte geral*. São Paulo: Saraiva, 1994.

ROTH, Ronaldo João. O sigilo do nome de vítimas e testemunhas ameaçadas no processo penal militar e seus limites. *Revista Direito Militar*, n. 69, jan./fev. 2008.

_____. *Temas de Direito Militar*. São Paulo: Suprema Cultura, 2004.

ROVER, Cees de. *Para servir e proteger*. Direitos Humanos e Direito Internacional Humanitário para forças policiais e de segurança: manual do instrutor. Trad. Sílvia Backes; Ernani S. Pilla. Genebra: Comitê Internacional da Cruz Vermelha, 1998.

SILVA, José Geraldo da. *O inquérito policial e a política judiciária*. 4. ed. Campinas: Millennium, 2002.

SOARES, Ailton. A investidura para os atos de polícia judiciária militar. Uma inédita interpretação da lei processual castrense. *Revista Direito Militar*. Florianópolis, n. 10, mar./abr., 1998.

_____ et. al. *O Regulamento Disciplinar da Polícia Militar do Estado de São Paulo comentado*. 2. ed. São Paulo: Atlas, 2005.

TÁVORA, Nestor; ALENCAR, Rosmar Rodrigues. *Curso de Direito Processual Penal*. 7. ed. Salvador: Juspodivm, 2012.

TOURINHO FILHO, Fernando da Costa. *Manual de Processo Penal*. 8. ed. São Paulo: Saraiva, 2006.

_____. *Prática de Processo Penal*. 29. ed. São Paulo: Saraiva, 2008.

_____. *Processo Penal*. v. 3. São Paulo: Saraiva, 2003.

ZAFFARONI, Eugenio Raúl; PIERANGELI, José Henrique. *Manual de Direito Penal brasileiro: parte geral*. 2. ed. São Paulo: Revista dos Tribunais, 1999.

ABREVIATURAS

Adm	–	Administração
APFD	–	Auto de Prisão em Flagrante Delito
Asp of	–	Aspirante a oficial
Bomb	–	Bombeiro
Btl	–	Batalhão
Cbo	–	Cabo
Cel	–	Coronel
CF	–	Constituição Federal
CG	–	Corregedoria Geral
Cmt	–	Comandante
CNPG	–	Conselho Nacional de Procuradores-Gerais dos Ministérios Públicos Estaduais e da União
CP	–	Código Penal
CPAM	–	Comando de Policiamento de Área Metropolitana
CPC	–	Comando de Policiamento da Capital
CPI	–	Comando de Policiamento do Interior
CPM	–	Código Penal Militar
CPP	–	Código de Processo Penal
CPPM	–	Código de Processo Penal Militar
CTB	–	Código de Trânsito Brasileiro
Est	–	Estadual
Fed	–	Federal
IP	–	Inquérito Policial
IPM	–	Inquérito Policial Militar

222 | MANUAL DE POLÍCIA JUDICIÁRIA MILITAR

JME	–	Justiça Militar Estadual
JMF	–	Justiça Militar Federal
Maj	–	Major
MP	–	Ministério Público
MPM	–	Ministério Público Militar
OPM	–	Organização Policial Militar
PJM	–	Polícia Judiciária Militar
PM	–	Polícia Militar
PMESP	–	Polícia Militar do Estado de São Paulo
PPJM	–	Plantão de Polícia Judiciária Militar
Ref	–	Reformado
Res	–	Reserva
Sd	–	Soldado
Sgt	–	Sargento
SPTC	–	Superintendência de Polícia Técnico Científica
STF	–	Supremo Tribunal Federal
STJ	–	Superior Tribunal de Justiça
STM	–	Superior Tribunal Militar
Subten	–	Subtenente
Ten	–	Tenente
TJ	–	Tribunal de Justiça
TJM	–	Tribunal de Justiça Militar